J'AI MIS MON FILS CHEZ LES CATHOS

Récit

DU MÊME AUTEUR

Une confession, roman, Stock, 2009.
Retrouver Estelle (avec Éric Mouzin), récit, Stock, 2011.
Un retraité, récit, Stock, 2011.

VÉRONIQUE DE BURE

J'AI MIS MON FILS CHEZ LES CATHOS

Récit

belfond

Belfond | un département **place des éditeurs**

place
des
éditeurs

À mon fils, T. M.

« J'ai commencé dès ma douzième année à me faire une certaine idée que Donzac, l'année dernière et cette année, m'a rendue claire, c'est qu'à leur insu, les chrétiens qui nous ont élevés prennent en tout le contrepied de l'Évangile, et que de chaque béatitude du Sermon sur la Montagne, ils ont fait une malédiction ; qu'ils ne sont pas doux. Qu'ils ne sont pas seulement injustes, mais qu'ils exècrent la justice. »

François Mauriac, *Un adolescent d'autrefois*

PRÉFACE

Moi aussi, on m'a mis chez les cathos.

Je ne m'en suis pas remis.

J'en garde encore des souvenirs brûlants.

Chaque vendredi matin, il arrivait dans la classe, comme un orage. Noir dans le bruissement de sa soutane, un cahier rouge à la main. C'était le supérieur de Saint-Joseph.

Il nous appelait par ordre alphabétique et lisait nos notes.

Le dernier avant moi, c'était Désiré Duflot, élève discret, docile et soumis, comme il les aimait. Que des 8 et des 7. C'était sur 10 ; 8, c'était très bien, 3, c'était très mal.

Avant la lecture de mes notes, il y avait toujours un grand silence, comme avant un tremblement de terre.

– Conduite en classe : 3.

– Tenue : 4.

– Discipline générale : 4.

– Travail : 6.

Il se déchaînait. J'étais un bon à rien, je ne ferais jamais rien dans la vie. Mon 6, assez bien, en travail, une performance pour moi, n'était même pas pris en compte. Je n'étais pas docile, je n'étais pas sage, c'était impardonnable.

Apparemment, soixante ans plus tard, les choses n'ont pas changé. Ne sont canonisés que les enfants sages.

J'étais une honte pour mes parents, pour l'institution, pour la France, pour l'humanité. Dieu devait regretter de m'avoir créé.

Des grandes crevasses s'ouvraient sous mes pieds. J'allais être englouti et frire éternellement dans une marmite d'huile bouillante tandis que des diables noirs et poilus me piqueraient les fesses avec des grandes fourchettes.

Jean-Louis Fournier

« L'attention et l'écoute portée aux élèves les plus en difficulté, la grande disponibilité de l'équipe enseignante et éducative et les valeurs de respect mutuel auxquelles nous sommes indéfectiblement attachés font de l'établissement un lieu où chacun se sent considéré et trouve sa place dans un cadre qu'on peut qualifier de "familial". »

La présentation est idyllique. Sans compter les *« locaux entièrement neufs »*, des outils pédagogiques d'avant-garde, des équipements informatiques exceptionnels qui font de ce collège *« l'établissement d'enseignement privé catholique le plus innovant de France »*.

On m'a fait visiter. On est au début du mois de juin, il fait doux, un air de vacances souffle déjà sur la cour où piaillent des enfants qui semblent tout droit sortis des pages de *Madame Figaro*. Ils sont beaux, ils ont l'air heureux de ceux qui ne risquent rien, me disent gentiment « Pardon madame » quand ils me bousculent.

Pas de doute, mon fils sera bien.

Demain, c'est la rentrée. Comme dans la plupart des établissements scolaires, les arrivées s'étalent sur la journée du mardi avec un horaire différent pour chaque niveau. Les élèves de quatrième sont attendus à 14 heures. Ça nous laisse une dernière vraie nuit de sommeil – dès le surlendemain, le réveil sonnera à nouveau à 6 h 15 – et le temps d'un petit tour chez le coiffeur.

Les cheveux de mon fils n'ont pas vu une paire de ciseaux depuis juin. Autant dire qu'avec ses boucles dans le cou et sa mèche sur l'œil, il est peut-être charmant mais ce n'est pas le genre de beauté agréée par le collège. J'ai pris rendez-vous chez le coiffeur le mardi matin à 11 heures. Il s'agit de bien commencer l'année : se présenter au collège propre, impeccablement coiffé et bien habillé revient à afficher ses bonnes résolutions. La jolie Charlotte n'y va pas de main morte. Elle taille et taille encore, dégageant les oreilles et la nuque, rabote et effile la mèche. Le résultat, quoique acceptable, me fait mal. J'ai toujours eu un faible pour les cheveux longs. Je n'ai jamais compris que les mères de famille catho-bourges continuent d'enlaidir leurs rejetons en leur imposant des coupes quasi militaires.

J'ai préparé ses vêtements avec soin. Pour le dernier matin de liberté, je l'ai laissé remettre son jean troué, ses vieilles baskets et son t-shirt délavé. Le retour de chez le coiffeur marque le début de la transformation. À contrecœur, il enfile jean neuf, Converse neuves, chemise blanche et pull bleu marine. Je le regarde avec un pincement au cœur : l'illusion est parfaite.

Mon fils attaque sa troisième année dans ce collège de l'enseignement catholique, situé loin de chez nous, dans les beaux quartiers. J'aurais dû me méfier. A priori, il représentait tout ce que j'avais rejeté depuis longtemps : l'église où je ne mettais plus les pieds, les institutions religieuses où j'avais souffert de l'étroitesse d'esprit et d'une rigueur que je jugeais stupide, une bourgeoisie bon chic bon genre, dont j'étais issue et que je maintenais désormais à distance, moquant sa morale étriquée et ses usages désuets.

Dès le départ, ce choix ne nous ressemblait pas. Mon mari, pur produit de l'école laïque et républicaine, se désolait que l'on dût en arriver « là ». Notre aîné entamait sa terminale dans l'établissement du coin de la rue. Plutôt apprécié de ses professeurs quoiqu'un peu feignant, il allait tranquillement son chemin, passant chaque année dans la classe supérieure sans se donner trop de mal. Le cas de son petit frère était tout autre. Il avait dès la maternelle perçu l'école comme un univers hostile et n'avait qu'une idée, trouver le moyen d'y échapper.

Après une dernière année difficile à l'école publique du quartier, j'avais voulu provoquer une rupture, trouver un nouvel environnement, tant géographique que social, où, espérais-je, il pourrait se réconcilier avec l'apprentissage. Il n'était pas question de le laisser poursuivre dans le collège élitiste dont nous dépendions. Je savais que mon fils, dyslexique, ne tenant pas en place et préférant shooter dans un ballon ou frapper une petite balle jaune avec une raquette plutôt que lire, écrire et compter, n'y aurait pas tenu longtemps. Or je ne voulais pas qu'il coule. Je le savais capable de suivre, pour peu qu'il trouve une structure accueillante, chaleureuse et compréhensive. Quelques années plus tôt, une institutrice vieillissante et dépassée s'était mis en tête de lui faire redoubler son CE1. Nous avions exigé le passage en CE2. « Il ne suivra jamais », avait-elle affirmé, devant lui. Mais en CE2, il y avait eu Mme Cadix. Merveilleuse Mme Cadix qui, à force d'encouragements et de mots gentils que nous devions signer sur son cahier qu'il n'avait plus honte de nous montrer, avait presque réussi à lui faire aimer l'école. Il avait terminé l'année avec les félicitations. L'année suivante, il avait fait un CM1 correct, consolidant ses acquis de CE2. Le CM2 avait tout gâché, on avait eu l'impression d'un terrible retour en arrière. Il avait fallu négocier l'avis de passage en sixième, promettant à l'institutrice que notre fils n'irait pas dans le collège dont nous dépendions, qu'il allait poursuivre sa scolarité dans un établissement privé, loin, bien loin du quartier. Elle n'avait pas à s'inquiéter, sa réputation d'éleveuse de petits génies ne serait pas entachée. Du bout de son stylo, elle avait consenti à noter sur le bulletin du troisième trimestre : « Passage en sixième accordé à la demande des parents. »

Trouver un collège qui accepte un enfant avec d'aussi mauvais résultats – et dont « le comportement est à la hauteur des résultats » – avait été à la fois compliqué et rapide. Nous nous y prenions très tard, nous étions déjà début mai. Après avoir fait le tour des établissements privés de l'arrondissement, peu convaincants ou déjà complets, et tenté en vain d'obtenir une place au collège Saint-Sulpice, seul collège parisien proposant en sixième et cinquième un enseignement aménagé destiné aux élèves dyslexiques – deux ans de liste d'attente –, j'avais lancé un appel sur Facebook. « Cherche collège susceptible d'accueillir à la rentrée prochaine en classe de sixième un élève dyslexique ayant des difficultés scolaires. » Le soir même, deux contacts venant d'univers très différents m'avaient conseillé un seul et même collège. Le hasard faisant qu'un de mes amis se trouvait lié à cet établissement, un rendez-vous avec la directrice avait été obtenu rapidement et l'inscription grandement facilitée. Je pensais avoir trouvé le collège de nos rêves. La directrice était à la hauteur des descriptions élogieuses qu'on m'en avait faites. Jolie, chaleureuse, d'une gaieté communicative, à l'évidence passionnée par sa mission, aimant les enfants, elle-même mère de famille, elle m'a séduite dès que j'ai passé la porte de son bureau, laquelle était toujours ouverte. On était bien loin des austères bonnes sœurs de mon adolescence. La visite du collège avait achevé de me convaincre. L'établissement avait été refait à neuf, les salles de classe étaient modernes et lumineuses, des ordinateurs portables étaient à la disposition des élèves. L'enseignement catholique avait changé, le bon Dieu surfait sur Internet et ses anges dansaient le hip-hop.

D'un point de vue strictement scolaire, mon fils a fait une sixième correcte. Les notes furent d'abord très bonnes, puis moins bonnes, puis très moyennes. Il était temps que l'année s'achève. Le comportement, en revanche, avait posé quelques problèmes. Il avait appris très vite, dès la première semaine, à ses dépens, que, si moderne fût-il, l'établissement ne plaisantait pas avec la discipline et l'obéissance. Ce qui passait comme une lettre à la poste à l'école publique devenait ici intolérable. Chaque écart de conduite était sanctionné, dans le meilleur des cas d'une croix (quel symbole...) dans le carnet de liaison et, dans le pire des cas, de quatre heures de colle.

À la fin de l'année, il n'y avait plus de place dans les pages destinées aux fameuses croix. D'autant que, les premiers temps, sur ces mêmes pages, à l'endroit où je devais apposer ma signature, je m'étonnais, par écrit et longuement, de ces punitions que je jugeais parfois, puis souvent, non justifiées.

De colle en colle et de croix en croix, ma confiance en ces méthodes éducatives primaires avait commencé à s'émousser. Je ne suis pas par principe opposée à une répression dès lors qu'elle est raisonnable et adaptée, mais là, c'était trop. Pour tout et n'importe quoi, presque chaque jour une nouvelle croix était inscrite dans ce fichu carnet. « Se balance sur sa chaise », une croix ; « parle avec sa voisine », une croix ; « a dit “p...” », une croix ; « mâche un chewing-gum en classe », une croix ; « oubli de matériel », une croix ; « travail mal présenté », une croix ; « n'a pas passé une ligne », une croix ; « a fait tomber deux fois sa règle », une croix ; « n'a pas fait signer son carnet », une croix ; « bagarre », deux heures ;

« bavardage », deux heures ; « note en dessous de la moyenne au contrôle d'histoire », deux heures. Avec ces punitions distribuées pour un oui pour un non, je retrouvais l'esprit disciplinaire des bien-pensants qui croient encore que la prévention d'actes graves passe par la sanction lourde de faits mineurs.

L'année suivante avait été difficile. Le changement de direction n'avait pas aidé. La discipline avait été renforcée jusqu'à frôler l'absurde, au point que nous nous étions interrogés : devions-nous laisser notre fils dans cet établissement ? Certes il était fatigué, ses résultats étaient en baisse et un professeur d'histoire-géographie lui menait une vie impossible. Mais il s'était fait de bons amis dans ce collège et, s'il était régulièrement puni, il ne semblait pas pour autant malheureux. Paradoxalement, son indiscipline croissante, son chahut, son excitation, nous laissaient penser qu'il était heureux. S'il s'amusait à l'école, chahutait avec d'autres, s'il était le clown de la classe, n'était-ce pas la preuve qu'il était épanoui ? Il n'avait rien de l'idée que nous nous faisions d'un enfant déprimé, triste. Pour nous, il était juste un pré-ado insupportable, insolent et désobéissant, et un bon recadrage, même si nous n'adhérions pas vraiment à l'esprit de plus en plus étroit du collège, ne pouvait qu'être bénéfique. Nous ne devions pas nous laisser aveugler par l'amour que nous lui portions et prendre une décision sous le coup de l'énervement. Et puis, où aller ? Le public demeurait exclu, le niveau était trop élevé. Quant aux établissements catholiques du quartier, les meilleurs étaient déjà complets, les autres n'avaient pas très bonne réputation et me paraissaient vétustes. Qui pouvait affirmer que mon fils y serait mieux ? Alors on s'était accrochés. Plus l'année scolaire avançait, plus c'était devenu difficile, voire impossible. Les devoirs toujours plus nombreux, des contrôles et interrogations écrites toutes les semaines, parfois plusieurs dans la même journée, avaient fini par avoir raison de la moindre activité de détente en famille. Mon fils aîné, alors en première S dans un établissement réputé, avait moins de travail que son frère, « petit » collégien de cinquième dans un collège qui ne jouissait pourtant pas d'une réputation d'excellence.

À la fin de l'année, il avait fallu négocier le passage en quatrième. Celui-ci obtenu, assez facilement d'ailleurs grâce à sa professeure principale, la formidable Mme Siméon, nous l'avions donc réinscrit pour la rentrée 2012. L'été passerait, notre fils aurait mûri, nous repartirions sur des bases neuves, tout irait bien.

Pourtant, en ce matin de rentrée scolaire, après des vacances où, entre balades en Provence, plages bretonnes, soirées entre amis et dîners de famille, nous avions retrouvé une relative harmonie, nous nous sommes réveillés l'estomac noué. Déjà, plus rien n'est pareil. Il fait beau pourtant, ça sent encore un peu l'été. Mais quelque chose a changé. La boule dans le ventre a retrouvé sa place.

Bientôt, mon fils va rentrer. Le sac Eastpack lesté de nouveaux manuels qu'il va me falloir couvrir et étiqueter. Les pages à signer dans le carnet de liaison, le règlement à lire et approuver, la photo à coller, un tas de papiers à remplir, sûrement un ou deux chèques à faire, la liste des affaires à acheter dans la cohue chez Gibert. Mon mari va reprendre sa place devant la télévision pendant que je reprendrai la mienne auprès de mon fils. Je regarde l'heure, il ne devrait plus tarder. Je savoure les derniers instants de paix.

Ce premier soir, c'est le bureau des pleurs.

Les classes de l'année dernière ont été mélangées. À part Alexandre, tous les amis de mon fils sont dans l'autre quatrième. Ça commence mal.

L'année passée, il a eu de gros problèmes avec le professeur d'histoire-géographie, l'inflexible M. Perrin. Entre mon fils et lui, c'est l'incompréhension totale. Cette année, il se réjouissait d'avoir M. Bertrand. Il se retrouve dans la classe de M. Perrin.

Avec Mme Gelly, la professeure d'anglais de cinquième, ça avait également été compliqué. Cette année, il devait être avec Mme Finlay qu'il avait déjà eue en sixième et avec laquelle les choses s'étaient bien passées. Il se retrouve dans la classe de Mme Gelly.

Ses amis, dans l'autre quatrième, ont M. Bertrand en histoire et Mme Finlay en anglais.

En maths, il a Mme Lamentin. Aux dires de ceux qui l'ont déjà eue en sixième, elle est épouvantable.

Quant à la professeure de français, qui est également la professeure principale de sa classe, Mme Salami, il avait eu affaire à elle en sixième en je ne sais plus quelle occasion. Elle ne s'était pas remise alors de ce qu'elle appelait « le langage ordurier » de mon fils, en particulier ces « putain » qui semblaient lui sortir de la bouche à chaque expiration. Je me rappelle encore le mot qu'elle avait mis dans le carnet de liaison, lequel remplissait la moitié de la page, tant son écriture semblait grossir avec son effarement : « Votre fils pourrait-il cesser de dire le mot "p... !" ? Deux fois aujourd'hui !! C'est INADMISSIBLE !!!!! Merci de bien vouloir EN PARLER AVEC LUI !!!! » J'avais bien tenté de dédramatiser, arguant que mon mari, ayant grandi dans le sud de la France, commençait à peu près toutes ses phrases par ce mot et avait peu à peu contaminé la famille entière, ça n'avait pas eu l'air de l'amadouer.

En ce jour de rentrée, elle n'a eu qu'un mot à l'endroit de mon fils : « Dites, il faudrait peut-être songer à aller chez le coiffeur, vous. »

Les bras m'en tombent.

Ce jeudi 6 septembre, à 17 heures, c'est la réunion de rentrée pour les parents. Comme les années précédentes, elle se tient à la « crypte ».

La crypte est une vaste salle impersonnelle, assez laide, en sous-sol, à laquelle on accède par un escalier de pierre. Elle fait penser à ces « églises » modernes et sans âme des banlieues, qui ressemblent davantage à des salles des fêtes ou à la salle omnisports de mon enfance. Il y a de grandes croix aux murs. Le Christ est partout, rappelant aux élèves qu'il faut souffrir pour s'élever et gagner un jour leur paradis. Je ne suis pas certaine que nous partagions une même conception de ce que doit être le paradis. Je détourne mon regard et je fixe, un peu plus bas, dominant l'assemblée chuchotante que nous formons, l'équipe à qui j'ai confié mon fils.

On est assis comme à l'église. Sur l'estrade, une longue table recouverte d'une nappe blanche fait office d'autel. Les officiants sont au nombre de six : madame la directrice, le conseiller principal d'éducation, les professeurs principaux des trois classes de quatrième et l'aumônier.

Je regarde les parents. Ils ne me ressemblent pas. Qu'est-ce que je fais là ? Je me sens décalée, mécréante.

La directrice ajuste son micro. Elle est arrivée l'année dernière pour prendre la relève de celle qui avait accueilli mon fils en sixième. Raide comme un piquet, le physique aussi sec que son ton, les cheveux coupés ras, le regard affirmé derrière les verres de ses lunettes carrées, les lèvres fines, elle n'a pas grand-chose en commun avec celle qui coule aujourd'hui une retraite heureuse. Avec elle, la discipline s'est resserrée, le règlement s'est durci jusque dans les plus infimes détails. Même le conseiller principal d'éducation a été prié de troquer ses tennis blanches contre des mocassins bleu marine. Attendant que le silence se fasse, elle jette de brefs coups d'œil vifs et acérés sur notre assemblée, sans un sourire. Des parents sortent des petits carnets et des stylos, prêts à prendre des notes.

Nous voici revenus des années en arrière, sur les bancs de l'école. On écoute sagement, les chuchotements ont cessé. Cette femme qui nous souhaite la bienvenue représente tout ce que j'ai rejeté. Autoritaire, un look BCBG comme je pensais qu'il n'en existait plus qu'aux sorties de messes versaillaises, une sévérité qui ne laisse place à aucune fantaisie. Un de mes amis a trouvé pour la décrire les mots exacts : « C'est Christine Angot version catho. »

Elle nous explique que nos enfants abordent un âge redoutable et que cela ne va faire qu'empirer de septembre à juin. Ils vont devenir insupportables, nous ne les comprendrons plus, ils vont chercher à nous échapper, à braver l'autorité. Bientôt, nous ne les reconnaîtrons plus. Je n'écoute pas tout, je décroche, je retiens que, en gros, montée d'hormones égale attention, danger. Après ces mises en garde aux innocents parents que nous sommes et qui ne connaissons rien aux adolescents que deviennent nos enfants – mais heureusement, eux savent, et vont se charger de les mettre au pas –, elle passe la parole au CPE. Qui explique avec force détails les sanctions, croix, colles qui ne manqueront pas de tomber sans pitié sur nos chères têtes blondes au premier manquement au règlement, règlement qui a encore été amélioré cette année et que nous sommes invités à signer, avec notre enfant, dans le carnet de liaison. Parmi les nouveautés, les filles doivent avoir les cheveux attachés, des jupes de longueur décente, des chaussures plates, des décolletés bien fermés et bien sûr bannir toute trace de maquillage. Faute de quoi, on saura les remettre dans le droit chemin à coups de croix et de retenues. Les garçons, quant à eux, sont priés de porter des pantalons longs et non troués, les cheveux coupés court, pas de mèche dans les yeux – l'école est équipée de ciseaux bien affûtés et de tondeuses –, pas de joggings – exclusivement réservés aux cours d'éducation physique et sportive – et pas de pulls ou sweat-shirts à capuche. Bref, pour rentrer dans le rang, il va falloir abandonner Gap au profit de Cyrillus. Suit une mise en garde concernant les jeux en ligne, Facebook et autres dangers de la Toile. Enfin, toute l'équipe insiste sur le besoin de sommeil de nos enfants. Oui, mais les devoirs du soir ? demande une dame soucieuse, aussitôt approuvée par l'ensemble de l'assemblée. Réponse unanime de l'équipe : ils ne devraient pas prendre plus d'une demi-heure, grand maximum une heure, chaque soir. Hum... Mes souvenirs des soirées houleuses des deux années passées me permettent d'en douter.

Après les professeurs principaux, la dernière intervention est celle de l'aumônier qui, outre le déroulement de la catéchèse, insiste sur l'importance de la célébration de rentrée et annonce un prochain pèlerinage à la basilique de Vézelay. Il a visiblement omis quelques précisions essentielles – que j'ai déjà oubliées – que s'empresse de lui rappeler la directrice. Tel un élève pris en faute, il affiche un air contrit, la main devant la bouche, et s'exécute avant de prendre congé et de s'éclipser sur la pointe des pieds.

La réunion tire à sa fin. Des doigts se lèvent, les questions se succèdent, recevant des réponses ne souffrant aucune contradiction. Des journées trop longues quand elles démarrent à 8 heures et s'achèvent à 17 h 45 ? Mais madame, il faut les habituer, quand ils seront au lycée, ils sortiront à 18 heures – inutile de relever qu'au lycée, ils auront entre deux et quatre ans de plus. Certaines demandes sont étranges : un père lève la main, il veut connaître la marche à suivre pour venir un jour déjeuner à la cantine avec son fils. Je lui reconnais un certain courage, il paraît que c'est infect : pommes de terre pas cuites, viande dure, poulet cru, plats froids, fruits pas mûrs et, parfois, un cheveu dans la sauce. Il faudrait me payer cher pour venir prendre un repas au milieu de cette cohue piaillante dont le volume sonore atteint les quatre-vingt-dix décibels. Je me sens davantage concernée par la question suivante : y a-t-il une tolérance pour certains élèves qui habitent très loin de l'école et pourraient exceptionnellement avoir un peu de retard en raison de problèmes sur les transports en commun, grève ou autre ? Réponse de Christine Angot : « Madame, certains d'entre nous habitent en banlieue et nous sommes tous là à 7 h 45. » Question : les enfants ne peuvent-ils vraiment pas venir au collège en jogging quand ils doivent être au tennis après l'école et n'ont pas le temps de se changer ? Réponse : « Et ceux qui ont piscine, vous voudriez qu'ils viennent au collège en maillot de bain ? » C'est sans appel.

« D'autres questions ? »

Bah non.

Mardi 18 septembre, c'est la célébration de rentrée. Tous les élèves doivent être devant la crypte à 8 h 10 précises pour la messe qui commence à 8 h 15. Le mot que les élèves ont été invités à copier dans le carnet de liaison précise bien que cette célébration est obligatoire pour tous.

Pour tous, cela veut donc dire pour ceux qui ne sont pas catholiques, pour ceux qui ne vont pas au catéchisme mais qui ont « choisi », à la place, « histoire des religions », puisque une heure par semaine en lien avec la religion est imposée.

La messe est célébrée dans la crypte par l'aumônier du collège. Les parents qui le souhaitent peuvent y assister, mais Dieu merci, pour eux, ce n'est pas obligatoire. La plupart des enseignants sont présents aux côtés de la directrice, certains n'hésitant pas à se donner en spectacle pour gagner des bons points. Mon fils me racontera le fou rire qui l'a pris lorsque la redoutable professeure de mathématiques de l'année passée, avec laquelle lui et moi entretenions des rapports houleux, s'est subitement muée en une ouaille exaltée en entonnant le premier cantique d'une voix stridente. Il semblerait qu'il n'y ait pas eu que les élèves qui, d'abord sidérés, aient pouffé.

« Chers parents,

Comme annoncé lors de la réunion de rentrée, un pèlerinage est organisé pour tous les élèves de quatrième le vendredi 19 octobre 2012, à la découverte de la basilique Sainte-Marie-Madeleine de Vézelay. Cette journée, obligatoire [souligné dans le texte], *à la découverte de ce haut lieu de la chrétienté, classé au patrimoine mondial de l'Unesco, sera émaillée de temps forts : marche vers Vézelay sur les pas des pèlerins de Saint-Jacques-de-Compostelle, office du milieu du jour avec les moines des fraternités monastiques de Jérusalem, messe.*

Rendez-vous : 6 h 00 devant l'église.

Retour : vers 20 h 30, même lieu.

Coût : 35 euros.

Prévoir des chaussures de marche et un petit sac à dos contenant un pique-nique, une bouteille d'eau, un vêtement de pluie et un pull. Afin de vivre pleinement cette journée, les appareils électroniques et écouteurs sont interdits. Nous comptons sur l'attitude ouverte et intelligente de chacun.

Veuillez croire, chers parents, en notre entier dévouement. »

Formidable, ce rendez-vous à 6 heures à l'autre bout de Paris. Cela implique, pour une grande partie des élèves scolarisés dans l'établissement, et donc de leurs parents, un lever au plus tard à 5 heures du matin.

Le programme de la journée est précis. Il est prévu que les cars roulent sur cent soixante-dix kilomètres, je crois, avant de déposer en pleine campagne tout ce petit monde qui poursuivra à pied la route jusqu'à Vézelay. Un pèlerin, ça marche. Le seul impératif est d'être arrivé à la basilique à midi, heure de la messe avec les moines. Il aurait suffi que le car pousse un tout petit peu plus loin pour que les parents ne piquent pas du nez au bureau. Et pour que, dans notre cas, mon mari ne se mette pas à ronfler le soir au théâtre du Rond-Point.

« J'ai raté. »

Ça recommence. Comme l'année dernière.

En sixième, avec Mlle Fleur, les notes d'histoire-géo étaient bonnes. Tout se passait bien, enfin, le mieux possible. En cinquième, c'était M. Perrin qui était en charge de l'histoire, de la géographie et de l'éducation civique. Première note : 8. Je me fâche. Il faut apprendre tes leçons ! Pour l'interro suivante, on révise ensemble. Je le fais travailler le samedi, puis le dimanche, puis encore le lundi soir. Je suis effarée par la quantité de connaissances à ingurgiter. À douze ans, non seulement il lui fallait maîtriser l'histoire des conquêtes musulmanes et être à même de les représenter sur une carte allant des rives de l'Indus au Maghreb, lui qui ne sait toujours pas situer de manière infaillible la totalité des pays européens, encore fallait-il qu'il sache par cœur les définitions des mots Kaaba, cadi, calife, hégire, islam, imam, muezzin, Allah, Coran, jihad, hadith, monothéisme, musulman, prophète, sîra, chiite, émir, hammam, souk, sunnite et vizir, évoquer sans fautes la dynastie des Omeyyades et celle des Abbassides et reproduire très exactement le plan de la grande mosquée de Damas avec la coupole, la cour intérieure, la rangée des trois nefs, la qibla, le mihrab, le minbar et le minaret. Jusqu'à plus de minuit, je fais des fiches sur mon ordinateur, que j'imprime et confie à mon mari pour une ultime révision le lendemain. Dès 7 h 30, mon fils subit dans la voiture une interrogation orale en bonne et due forme. Ce jour-là, il la sait, sa leçon. Très bien, même. Le contrôle devrait bien se passer. La semaine suivante, la note arrive, désastreuse. Je regarde la copie. Hormis deux définitions, pas une seule question sur les pages révisées dans le livre et le cahier. En commentaire : « Manque de travail. » Déjà, je vois rouge. La suite de l'année, ça n'a fait qu'empirer. Mon fils a terminé à 4,5 de moyenne en histoire-géographie-éducation civique, faisant chuter sa moyenne générale du troisième trimestre au-dessous de 10. Il faut dire qu'en éducation civique, il a obtenu un zéro pointé. Je n'oublierai jamais ce mardi soir où, jusqu'à 23 heures, je me suis battue pour faire entrer dans son pauvre cerveau qui demandait grâce le schéma « à savoir par cœur » de l'organisation de l'aide sociale en France, avec les noms et sigles de tous les organismes. Un cauchemar.

À la fin de l'année, il avait fallu prendre rendez-vous avec la directrice afin de négocier le passage dans la classe supérieure. Mais on nous a prévenus : va pour le passage en quatrième, mais l'année prochaine, attention, on ne passe pas comme ça en troisième. Nous avions profité de ce rendez-vous pour demander que, si possible, notre fils ne retrouve pas ce professeur l'année suivante. Raté.

Première note en ce début d'année : 7,5. Deuxième note, quelques jours plus tard : 8. Troisième note : 4. Le trimestre commence à peine et je n'en peux déjà plus. Je ne veux pas revivre les soirées de l'année dernière, les veilles de contrôles d'histoire-géo, la boule dans le ventre, la bouche sèche d'avoir trop crié, la culpabilité face à la souffrance, réelle, de mon fils dont l'angoisse bloque toute capacité de réflexion et de mémorisation. Sur le site de l'établissement, les parents sont encouragés à communiquer avec les professeurs au moindre souci. Suit la liste des adresses email des membres de l'équipe enseignante. Je repère celle du professeur d'histoire et je me lance. Point par point, je reprends les questions du contrôle et les réponses de mon fils. La réponse arrive, rapide. Sèche, elle ne laisse aucune place à la discussion. Je montre les mails à sa psychologue : « Cet échange est édifiant sur le profil de ce prof… » Verdict de professionnelle : psychorigide.

Rendez-vous est pris avec le professeur pour le jeudi suivant.

Il est 20 heures et cela fait près d'une heure que je surfe sur la Toile pour effectuer une recherche sur cette fichue basilique Sainte-Madeleine pendant que mon fils fait ses maths, son anglais et son espagnol. C'est qu'il ne suffit pas de se lever à 5 heures et de marcher deux heures avec son bâton de pèlerin, encore faut-il savoir où l'on va et comment et pour quoi l'on y va.

Je pensais que l'un des objectifs de cette sortie à Vézelay était de découvrir ce qu'est une basilique et se faire expliquer l'histoire de ce lieu. Mais non. Visiblement, il faut déjà tout connaître *avant*. Sans doute pour mieux se laisser pénétrer par l'Esprit-Saint sans être parasité par ces questions qui ne manqueront pas de hanter les élèves : à quel siècle ont été posées les premières fondations de cet édifice ? Qui l'occupait ? Qu'y faisait-on ? Quels papes ont-ils consacré quels lieux ? Et autres sujets de tracas bien connus des collégiens.

J'ai trouvé facilement sur un site religieux la définition du mot « pèlerinage » : « Démarche personnelle ou collective que font les fidèles vers un lieu saint pour des motivations religieuses et dans un esprit de foi. » Sur le même site, j'ai ensuite recopié celle de « basilique » : « Nom donné dans l'Antiquité aux églises qui, à la différence des simples maisons transformées en lieux de culte, étaient construites sur le plan des basiliques civiles de l'Empire romain. Titre conféré par le pape à certains sanctuaires. » J'ai même ajouté l'étymologie du mot : du latin *basilica*, lui-même issu du grec *basilikê stoa* qui signifie « portique royal ». La situation géographique de Vézelay n'a pas été compliquée non plus à donner : « Le village de Vézelay se trouve dans le département de l'Yonne, en Bourgogne, une région réputée pour son vignoble et ses fameux escargots. » Voilà qui me semble parfait.

Enfin, il reste à faire « l'historique de la basilique de Vézelay ». Et là, ça se corse. Entre religion, histoire de l'art, exposés d'élèves des écoles catholiques et Wikipédia, les sites relatant l'histoire de la basilique sont nombreux et il arrive que des dates diffèrent, que des informations se contredisent. Comment démêler le vrai du faux, le bon site du mauvais ? J'avoue mon ignorance de l'histoire de la basilique Sainte-Madeleine. Je n'ai jamais mis les pieds à Vézelay et n'éprouve pas une passion pour les lieux saints. Quant aux pèlerinages, après m'être laissée une fois embarquer à Chartres il y a de cela fort longtemps, j'ai bien juré qu'on ne m'y reprendrait plus.

Je pioche dans l'un, puis dans l'autre et enfin je complète par une plongée dans un troisième, puis un quatrième… Au bout d'une heure, je ne sais plus où j'en suis, ce qu'il faut écrire, ce qui est juste, ce qui semble erroné, ce sur quoi on peut faire l'impasse. Je me perds un peu avec la sainte patronne de la basilique, je mets un certain temps à vérifier que Marie-Madeleine, la pécheresse, et Maria-Magdalena sont bien une seule et même sainte, ce dont je ne suis toujours pas certaine. J'apprends des choses, tout de même. Cela a du bon de faire les devoirs de son enfant. Ainsi me retrouvé-je à écrire, très sérieusement, que la basilique de Vézelay est dédiée à sainte Marie-Madeleine, la sainte qui représente le cheminement du chrétien sur terre, « chemin de conversion qui passe du péché à la lumière de la Résurrection par le repentir et le pardon ». Aussi simple que cela. Je découvre enfin l'existence d'un certain Pascal II qui a consacré en 1104 le nouveau chœur roman de la basilique. Jusqu'à ce soir de septembre, pour moi les papes s'appelaient tous Jean, Jean quelque chose, Benoît, Paul ou Innocent.

À 23 heures, alors qu'à son âge il devrait dormir depuis longtemps, mon fils est encore à son bureau, les yeux rouges et les doigts crispés, à recopier sur des feuilles de papier Canson des dizaines de lignes auxquelles il ne comprend pas grand-chose, qui parlent de reliques, de nef, de salle capitulaire, d'arcs-boutants, de moniales et d'absides.

« Maman, c'est quoi un narthex ?

– J'en sais rien. Tais-toi et copie. »

Mon fils est sarkozyste. C'est nouveau. À l'école publique et laïque du quartier, en primaire, il ne jurait que par Ségolène. Autre environnement, autres idées. En ce dimanche électoral de 2007, quand je lui avais chuchoté, répondant à sa question inquiète au sortir de l'isoloir, que oui, j'avais bien voté Ségolène, il avait été si heureux. Il était fier de moi. Je crois que je l'étais un peu moins, j'avais glissé mon bulletin rose sans enthousiasme, vaguement honteuse. Je voulais surtout éviter le raz de marée bling bling annoncé. Lui, il la trouvait belle, la madone. Il aimait son sourire, sa douceur. Il détestait « le nain », le gigoteur dont il moquait les tics. Comme tous ses petits copains de l'école Saint-Jacques.

Et un soir de fin de cinquième, en rentrant du collège, il m'avait balancé : « J'espère que tu vas voter pour Sarko, hein ? », puis avait enchaîné : « Hollande, il est trop nul ! » Avait suivi l'explication de ses convictions politiques toutes neuves : « À l'école, on est tous pour Sarko ! »

« On », ce sont ses camarades. « On », ce sont les parents de ses camarades. « On », ce sont les profs. « On » est un imbécile.

Au fond, je me fiche pas mal de Sarko et de Hollande. Mais quand une communauté se met à parler d'une seule voix, je n'aime pas.

On attend dans le hall, un peu tendus. La dame de l'accueil dans sa cage de verre flambant neuve a prévenu le professeur d'histoire.

Il arrive. Grand, mince, assez jeune et plutôt distingué, raide dans sa chemise rayée amidonnée, le regard distant derrière ses lunettes. Il nous tend à chacun une main dure et froide, puis nous invite à le suivre jusqu'à la salle des professeurs. Là, il prend place derrière un petit bureau et nous désigne les deux chaises de l'autre côté du bureau. Il n'a toujours pas prononcé une parole. Nous nous faisons face, comme des adversaires avant le combat. Il pose ses mains devant lui sur le bureau. Il se tient droit, comme nous aimerions que notre fils se tienne à table. Son regard va de mon mari à moi, puis de moi à mon mari, à nouveau de mon mari à moi, puis de moi à mon mari. Histoire de lancer la conversation, je dis : « Bon ? » Silence. Il est clair qu'il n'a pas envie de faire le moindre effort. Manifestement, mon courriel n'est toujours pas passé. Enfin, il consent à lâcher trois mots : « Je vous écoute. » C'est engageant et chaleureux.

La conversation sera pénible et hachée. Ce type, quand il pleure, c'est de la glace qui doit lui sortir des yeux. Notre fils a des difficultés ? Il n'a qu'à écouter en classe. Je tente de plaider une cause perdue d'avance : notre fils apprend ses leçons, je le fais réciter, nous faisons des fiches ensemble, pourquoi ne posez-vous aucune question sur les leçons que vous demandez d'apprendre ? « En quatrième, le programme prévoit que l'élève sache analyser un document, texte ou image, et le commente en s'aidant de ses connaissances. Il doit être capable de prendre du recul face à ce document. » Difficile pour notre fils comme pour beaucoup de dyslexiques. « Alors il n'a pas les capacités. » Des aménagements ? Il est dyslexique ? « Qu'il produise le document officiel l'attestant », sinon, par principe, il y est opposé. Il peine à bien prendre les cours ? « Je n'y peux rien, voyons ! Que voulez-vous que j'y fasse ? » Lui donner de temps à autre la trace écrite sur un polycopié peut-être ? Oui, bien sûr qu'il a tous les cours dans son ordinateur, mais là encore, cela va contre ses principes. « Ou alors, puisqu'il n'a pas les capacités requises pour suivre une classe de quatrième en histoire-géographie, effectuez les démarches nécessaires pour produire l'attestation de... handicapé et... »

J'ai bien entendu, il a prononcé le mot. Handicapé. Je ne dis rien, je suis sidérée. Mon mari serre les mâchoires. Après ça, je crois que nous n'avons plus rien à nous dire. Cette conversation est stérile. L'entretien se termine dans une espèce de brouillard. La professeure d'anglais vient d'entrer à son tour dans la salle, l'atmosphère est pesante, sa présence nous gêne, elle écoute, forcément. Alors je dis « Bon », et on se lève. À nouveau, on serre la main glacée, et on s'en va. Il ne nous raccompagne pas.

Le soir, je trouve un mail dans ma boîte.

« Bonsoir,
J'ai fini de corriger les évaluations de cours sur les Lumières et effectivement votre fils n'a pas réussi à répondre aux questions, si ce n'est à une définition qu'il avait retenu (sic).
Je vous propose de faire le point régulièrement, par mail, pour analyser les progrès et les évolutions.
Cordialement,
M. P. »

Un vague remords ?

La recherche sur Vézelay a été notée. Mon fils a eu 13. Je suis déçue. Ma définition du mot « basilique » n'était apparemment pas celle attendue, elle serait trop laïque... De sa grosse écriture ronde, Mme Salami a écrit au stylo rouge, en énorme : « Et pour l'Église ? » J'avais pourtant recopié la définition proposée par le site eglise.catholique.fr ! Alexandre, lui, a eu 16. Je suis un peu vexée. Mais il est vrai que sa mère m'avait dit y avoir passé six heures. En comparaison, mes deux heures ne pesaient pas lourd...

Et l'on aurait voulu que les enfants mènent eux-mêmes cette recherche, entre la préparation d'un contrôle de maths, deux pages d'exercices d'anglais et un chapitre à réviser en espagnol.

Il n'y a pas qu'avec le professeur d'histoire que, malgré les belles promesses de l'établissement, la relation est difficile. L'équipe enseignante est supposée ouverte, accessible, compréhensive. Lorsque, l'année dernière, j'avais envoyé un mail au professeur de technologie, j'y croyais encore. Si son attitude avait déjà ébranlé quelque peu ma confiance, le silence qui suivrait achèverait de me décourager.

« Cher Monsieur,

Je me permets de vous envoyer ce mail sur le conseil du conseiller principal d'éducation à qui je me suis ouverte de la situation.

Cela fait un certain temps que mon fils travaille sur un projet qui le passionne tout en m'expliquant qu'il a un problème car il a, pour la seconde fois au moins, perdu "les codes". Ledit travail consiste à imaginer une histoire, la rédiger sur je ne sais quel logiciel qu'il faut télécharger, et l'illustrer en insérant des photos et des images. Il a travaillé sur ce dossier jusqu'au dernier jour et jusqu'à plus de 11 heures du soir. Une fois achevé, il n'avait plus qu'à le mettre en ligne. Pour ce faire, il lui fallait récupérer "ses codes" auprès de vous. Il s'est

couché un peu anxieux, espérant que vous les lui redonneriez le lendemain. Je l'ai rassuré, lui expliquant que l'essentiel n'était pas les codes mais d'avoir bien fait son travail.
Le lendemain, pourtant, vous les lui auriez refusés : "Tant pis, débrouille-toi."
Il n'a donc pas pu mettre son travail en ligne. J'imagine qu'il va avoir un zéro pour travail non fait.
J'avoue ne pas très bien comprendre. Je sais que mon fils, dyslexique, est loin d'être un élève parfait, attentif et concentré. Il perd, oublie, s'amuse, bavarde, se balance sur sa chaise, et je conçois bien que cela puisse exaspérer un professeur. Cependant, je trouve dommage que, lorsqu'il se donne du mal, ses efforts soient totalement ignorés. Je me permets donc de vous demander s'il y aurait un moyen que vous rediscutiez avec lui afin de trouver une solution ? Je ne prétends pas que son travail mérite une bonne note, je n'en ai pas la moindre idée ; mais je pense qu'un zéro serait injuste et que tout travail accompli mérite une note, bonne ou mauvaise.
Vous renouvelant ma confiance, je ne doute pas que cette affaire trouvera un dénouement juste et apaisé.
Cordialement. »

On me fera comprendre quelque temps plus tard que je ne dois pas abuser du contact autorisé par le mail avec les professeurs. Ils risquent de se lasser et de s'agacer. Une manière polie de m'inciter à me calmer et à faire le dos rond.

Dans un demi-sommeil, j'ai vaguement entendu ce matin des bruits de bols, de cuillers et de robinets autour de 5 heures, puis, un peu plus tard, la porte d'entrée claquer. J'ai lâchement laissé à son père le soin de déposer notre fils à 6 heures pétantes devant l'église jouxtant le collège.

Deux autocars attendent sur le parvis : un pour les filles, un pour les garçons. La mixité risquerait d'empêcher le sérieux et de parasiter l'atmosphère de recueillement qu'exige un pèlerinage. Il est vrai que l'équipe de la catéchèse n'aime pas trop les adolescents qui ont, selon l'expression d'un surveillant, « les hormones au plafond ». Bien sûr que tout cela les travaille, quoi de plus normal. J'ai vu sur la page Facebook de mon fils et de ses amis quelques photos prises à la volée lors de la journée d'intégration à Fontainebleau. Une jolie demoiselle est à califourchon sur mon fils, allongé sur l'herbe, visiblement aux anges. Elle rit. Je ne crois pas qu'elle pense à mal, lui non plus. Ils s'amusent, se taquinent, se chatouillent, font mine de se battre. Ils ont treize ans, des bouilles encore enfantines sur des corps qui commencent à se troubler sans trop savoir pourquoi ni que faire de ce trouble. Rien de bien méchant.

Je me souviens d'un épisode comme ça, j'étais en seconde, à l'institution Saint-Dominique de Cusset, dans l'Allier, un établissement tenu par des bonnes sœurs. La directrice, aussi petite et frêle que sèche et revêche, dont on racontait qu'elle était entrée au couvent à seize ans, ne supportait plus de voir les filles « faire les belles » pour les garçons. Un matin, nous avions eu la surprise de trouver la cour de récréation coupée en deux par une espèce de ruban de plastique rouge. Désormais, nous devions nous rendre à droite pendant que les garçons demeureraient à gauche. Nous avions tout de même quinze ans. Très vite, ç'avait été le chaos. Avec des rires et des cris, nous nous entraînions au saut en hauteur, nos jambes exécutant des ciseaux magnifiques au-dessus du ruban, nous projetant du côté interdit où nous retombions dans les bras des garçons. Les bonnes sœurs avaient rapidement été débordées et le ruban rouge n'avait pas tenu plus d'une semaine.

Les cars les ont emmenés jusqu'à Sermizelles, en Bourgogne. Personne ne dort, ça chahute, les enfants détachent leur ceinture de sécurité, se déplacent. À 9 h 30, arrivé à bon port, tout le monde descend. Le vrai pèlerinage, un pied devant l'autre et cadence à la scout, peut commencer. Des petits groupes de cinq ont été formés par les enseignants. Pour chaque groupe, un « responsable » est chargé de diriger la réflexion. Un homme pour les groupes de garçons, une femme pour les filles. Mon fils, qui a toujours de la chance, est tombé dans le groupe encadré par le prêtre. En marchant, ils doivent réciter des *Je vous salue Marie* et chanter des cantiques.

Les garçons devant, les filles derrière, les yeux sur le bitume et la tête ailleurs, ils pèlerinent.

À midi, arrivée à la basilique. Les enfants ont été avertis : au premier écart, fou rire ou chuchotement, c'est la convocation lundi matin dans le bureau de la directrice. Sur cette dernière mise en garde, à peine assise, la prof d'anglais, épuisée, s'endort.

Pour le déjeuner, les filles et les garçons sont réunis avant d'être séparés à nouveau pour la visite commentée de la basilique. Les enfants se poussent du coude : cette fois, c'est M. Perrin qui a sombré dans les bras de Morphée.

Sur le site du collège, la journée est relatée comme un moment merveilleux :

« Ce matin-là, il était bien tôt lorsque les premières lumières s'allumaient à Saint-.... Il faut dire que les quatrièmes avaient répondu à l'appel de leur équipe pédagogique et se lançaient, après tant de pèlerins, à l'assaut de la colline éternelle !

Quelques heures de car plus tard, nous pouvions admirer la campagne bourguignonne au lever du jour. Nous voilà partis pour une dizaine de kilomètres à pied, enrichis de réflexions et de discussions. Après avoir gravi le chemin qui mène à la basilique, nous étions juste à l'heure pour entendre le chant des psaumes de l'office du milieu du jour.

Un bon pique-nique pour nous remettre en forme, nous pouvions entamer la visite de la basilique sous la conduite des sœurs des fraternités monastiques de Jérusalem.

Vint enfin l'heure de la messe célébrée par notre aumônier dans la salle capitulaire transformée en chapelle.

C'est remplis de souvenirs de cette journée, un peu extraordinaire, que nous avons retrouvé nos familles dans la nuit parisienne. »

À son retour, déposé devant la maison par la mère d'un camarade de classe, mon fils a jeté son sac à dos dans l'entrée et s'est effondré sur son lit comme une poupée de chiffon furieuse. C'est peu de dire qu'il a vécu « l'ascension de la colline éternelle » comme un calvaire. Il a détesté cette journée. Je ne peux pas juger, je n'y étais pas et mon fils n'est pas objectif. Mais je n'ai pas aimé cette idée d'un pèlerinage imposé.

M. Perrin a un projet de carrière très ambitieux : il veut devenir chef d'établissement. Quand on veut devenir chef d'établissement dans l'enseignement catholique, on ne doit pas nécessairement être un excellent professeur, avoir obtenu les meilleurs diplômes dans des universités prestigieuses et faire montre de qualités pédagogiques et de gestion reconnues. Non. Pour diriger un collège catholique, l'essentiel est la catéchèse. Savoir évangéliser les enfants, accompagner les sorties en lien avec la « pastorale » (l'enseignement religieux), remplacer au pied levé l'aumônier et gravir les échelons hiérarchiques par le biais de mystérieux « stages de formation ».

De drôles de journées à en croire une de mes connaissances, alors aspirant conseiller principal d'éducation, qui est passée par là. Je ne me rappelle hélas pas tout ce qu'il m'avait décrit, mais l'ensemble m'avait davantage évoqué l'esprit d'une secte où la rigueur frisait l'intolérance et la pratique religieuse l'intégrisme, que la formation de pédagogues et de cadres de l'enseignement. Je me souviens qu'ils avaient été invités à former des groupes de réflexion et que chaque groupe devait se trouver un nom. Les noms proposés par mon ami avaient tous été rejetés, ne symbolisant pas suffisamment la sainteté. Puis, telles les bonnes sœurs entrant au couvent, chaque stagiaire avait dû prendre pour l'occasion, lui aussi, un nom à consonance religieuse. Ainsi mon ami était-il devenu, le temps de sa formation, « Bienheureux Samuel »...

Lorsqu'il m'avait raconté, avec un humour vachard et les yeux levés au ciel, les tables rondes et débats de ces « stages » et ce qu'il y avait vécu, j'avais beaucoup ri. Je n'avais pas idée alors, que, quelques années plus tard, j'inscrirais mon fils dans un de leurs établissements.

Dans l'enseignement catholique, m'explique un professeur qui y enseigne depuis plusieurs années tout en militant à la CGT, la formation des chefs d'établissement est égale à zéro. Le résultat est que les gens qui ont en charge les écoles catholiques ne sont absolument pas professionnels. « La plupart des chefs d'établissement sont ainsi totalement incompétents en droit social, en comptabilité, en gestion humaine et en droit réglementaire. Il ne leur reste pas grand-chose pour gérer un établissement d'une centaine de personnes... »

Quant aux « conseillers principaux d'éducation », ils n'auraient de CPE, dans l'enseignement privé, que le nom : « Les CPE ne sont pas des CPE. C'est leur ego qui exige qu'on les appelle CPE. Ce ne sont que de vulgaires surveillants généraux. Ils n'ont aucun concours, et bien souvent que peu de diplômes. Un CPE reconnu par l'Éducation nationale a réussi un concours équivalent au Capes. Rien de tel dans le privé où le soi-disant CPE n'a parfois que le bac... » Et d'ajouter, fort de son expérience : « Ne parlons pas de psychologie chez les surveillants généraux dans l'enseignement catholique. Ni de formation continue ! Ce qu'ils veulent chez les cathos, ce sont des chefs d'établissement et des surveillants généraux qui obéissent au doigt et à l'œil et qui n'ont pas d'états d'âme quoi qu'on leur demande de faire ou de cacher... Les anciens surveillants qui deviennent surveillants généraux sont la norme. C'est plus facile de dominer une personne qui a un poste ne lui convenant pas et pour lequel elle n'a pas été dûment formée. »

C'est dit.

L'aumônier a changé. Le précédent était gris et terne. Quand mon fils déplorait qu'il fût ennuyeux, je le croyais sur parole. C'était avec lui que, la première année de collège, il avait préparé sa confirmation, sacrement proposé aux élèves de sixième.

Quelques semaines avant le jour J, l'aumônier gris nous avait réunis, nous les parents des futurs confirmés, dans une petite salle de l'établissement afin que nous puissions rencontrer l'évêque. Je m'étais sentie obligée de m'y rendre, en traînant les pieds. J'étais un peu en retard, quand je suis entrée le prêtre s'est interrompu pour m'inviter à prendre place au milieu de la petite assemblée constituée presque exclusivement de mères. Une vingtaine de paires d'yeux m'a dévisagée avec insistance. Un instant, j'ai eu l'impression d'être jugée.

Sagement assises sur des chaises d'écoliers, nous faisions face à l'aumônier et à l'évêque. Sur une petite table, devant eux, les accessoires du grand homme d'Église. Si je me souviens bien, il devait y avoir une bague (l'anneau pastoral ?), un chapeau (la mitre), une croix (la croix pectorale, je me rappelle avoir pensé à un sirop contre la toux), un genre de sceptre et peut-être encore un ou deux autres objets sacrés. Alors on a eu droit à une interro. Un à un, l'évêque a désigné les objets, nous demandant si nous en connaissions le nom et la signification. Je me suis tout à coup prise de passion pour le bout de mes chaussures que je ne lâchai plus du regard. J'avais peur d'être interrogée, je n'avais pas appris ma leçon. Puis il nous a demandé ce qu'était pour nous la confirmation, puis ce qu'était la profession de foi, et tout un tas d'autres questions que j'ai oubliées et auxquelles, de toute façon, j'étais bien incapable de répondre.

Très vite, je m'ennuyai. Pour m'occuper, je détaillai mes compagnes. Chose incroyable au XXIe siècle, j'étais la seule en jean. La plupart portaient des robes ou des jupes informes sur lesquelles elles tiraient pour les maintenir au-dessous du genou. Elles étaient à peu près toutes habillées de la même manière. Elles n'avaient aucune fantaisie. Peu maquillées, les cheveux courts, elles buvaient les paroles de l'évêque en le regardant par-dessus leurs lunettes qu'elles réajustaient ensuite sur leur nez pour prendre des notes. J'étais venue sans papier ni crayon, je me sentais la mauvaise élève. Je cherchais vainement des yeux une complice avec qui partager un soupir ou un sourire. Je n'étais pas à ma place ici. J'avais envie de me lever et de partir en claquant la porte. Je n'avais rien à faire là, rien à dire, je perdais mon temps.

L'évêque nous a très sérieusement demandé si nous avions noté des changements chez nos enfants depuis qu'ils se préparaient à recevoir l'Esprit-Saint. À ma surprise, plusieurs doigts se sont levés. Sans rire et l'air radieux, des mères témoignent de la transformation de leur progéniture à l'approche de l'événement. L'un ne se disputait plus jamais avec son frère, l'une réclamait d'aller à la messe, une autre avait brutalement cessé de dire des gros mots, un autre s'était mis à rendre service. Chacune avait son lot de petits miracles à brandir victorieusement. Je les écoutais, éberluée. Je pensais à mon fils qui, Saint-Esprit ou pas, n'avait pas changé d'un iota et se montrait toujours aussi insupportable.

À la fin de l'année, le petit homme gris avait quitté l'établissement. Nous avions donc découvert le nouvel aumônier lors de la réunion de rentrée de cinquième. Celui-ci a meilleure allure que son prédécesseur. Déjà, il est moins gris. L'autre, quoique jeune, avait les cheveux poivre et sel, un teint d'endive et les lèvres pincées. Celui-ci semble plus chaleureux, il roule des gros yeux tout ronds en souriant, et sa bouche est charnue et gourmande. Il m'est plutôt sympathique. Mon fils n'est pas de cet avis. Très vite, il déclare qu'il est « bizarre », puis qu'il ne l'aime pas beaucoup, et enfin qu'il ne l'aime pas du tout.

Cette année, il n'a pas de chance. Pour le catéchisme, les élèves sont répartis en deux groupes : un groupe avec l'aumônier, un autre avec le père d'un camarade de classe. Il a été affecté au groupe du prêtre. Avec le père de son copain, les enfants s'amusent, il y a une bonne ambiance, c'est une heure de détente avec la bénédiction du bon Dieu. Avec l'aumônier, rien de tel. C'est le caté, mais ça reste l'école. Pas question de se dissiper, on ne plaisante pas. Prière et travail, telle est la règle. Quand je pense au catéchisme de mon enfance... Je chercherais en vain un point commun, hormis la foi, entre les aumôniers de mon fils et l'abbé Chevalier de mes années de collège. Quand je repense à lui, j'entends son gros rire tonitruant. Nous l'adorions tous et nous n'aurions manqué pour rien au monde les heures de catéchisme. Il veillait sur nous depuis le primaire. Je me rappelle le tout premier « cours », dans la salle de classe de l'école Notre-Dame-de-Lourdes. Il nous avait raconté la création du monde par le bon Dieu, du premier au septième jour, dessinant au tableau avec de grands gestes le soleil, la terre, les océans, les animaux, l'homme, la femme. J'ai oublié les explications farfelues qui accompagnaient les croquis de ce drôle d'univers qu'il construisait à la craie blanche sous nos yeux ébahis, mais j'entends encore nos rires. Chaque été, il organisait une colonie de vacances et nous étions nombreux à en profiter. Le soir, après le dîner, on éteignait les lumières et il nous projetait les albums de Tintin en diapositives sur un grand drap blanc fixé au mur. Il faisait toutes les voix, les vociférations du capitaine Haddock avec ses « mille millions de mille sabords », les « je dirais même plus » des Dupont, les « aïe », « ouille », « hips ! » et autres onomatopées. Quant à ses interprétations du professeur Tournesol, elles valaient les meilleures adaptations animées qui verraient le jour quelques années plus tard. L'abbé Chevalier aimait bien boire et bien manger. Il aimait la vie qui le lui rendait bien. Il parlait fort, riait fort, vous soulevait de terre pour vous embrasser. C'était un volcan. On était bien loin de l'attitude rigoriste et compassée de l'aumônier gris et de son successeur à la voix trop douce.

Je ne m'intéresse pas à ce qu'ils font au catéchisme. J'ai déjà bien assez à faire avec les maths, le français, l'anglais et le reste. Parfois, en mettant un semblant d'ordre dans les affaires de classe de mon fils, je trouve un polycopié froissé au fond de son sac sur lequel est imprimé un cantique, un texte des Évangiles, une prière, ou encore des dessins à colorier (!) ou des questions auxquelles, je suppose, les enfants sont supposés répondre. Car il arrive qu'ils aient du « travail » pour la prochaine séance : une phrase sur laquelle réfléchir, une petite recherche à effectuer, un « exercice » à faire. Sur sa page Facebook, mon fils s'insurge : « Des devoirs en caté maintenant, c'est le comble !!! » Lundi soir, après trois heures à s'écharper en révisant un contrôle de français et une interro d'histoire, il restait encore à répondre sur feuillet libre à la question suivante : « En quoi Dieu est-il notre père ? » Il était 23 heures, je tombais de sommeil, la question ne m'inspirait pas. Alors lavage de dents, au lit et extinction des feux. Dans un peu plus de sept heures, le réveil sonnerait.

Comme chaque soir, je feuillette le fameux carnet de liaison, chassant les nouvelles croix ou retenues et vérifiant qu'il n'y a pas un nouveau mot à signer ou une demande de rendez-vous à laquelle répondre. Il faut bien regarder partout. D'abord les pages 4 et 5 pour les prises de rendez-vous. Ensuite les pages 6 et 7 où est noté tout nouveau document que l'élève doit transmettre à ses parents : remise d'une circulaire, remise de la photo de classe, informations sur une sortie programmée, bilan du conseil intermédiaire, arrivage des t-shirts au sigle du collège – que les élèves seront désormais priés de porter lors des sorties scolaires –, etc. Puis vérifier qu'aucun nouveau billet vert – billet de retenue – n'a été rempli. Après, il faut aller jusqu'aux « Feuillets de correspondance » où il faut viser toute nouvelle information : « Rappel : réunion de parents jeudi 6 à 18 heures », « La pastorale ne commencera que le 20 septembre », « Voulez-vous être parent correspondant ? », « Caté à 8 heures », « Nous avons bien reçu la feuille de rendez-vous pour la réunion du 16 novembre », « Chers parents, la facture a été envoyée par le biais d'École directe par souci d'économie et d'écologie. Si par hasard vous ne l'aviez pas reçue, vous pouvez appeler la comptabilité ».

Aujourd'hui, il y a un nouveau message à signer : « Désormais, tout oubli de signature sera sanctionné par une heure de retenue. » Sachant que l'on m'a bien expliqué dès l'arrivée au collège que les retenues d'une heure n'existent pas, que, quel que soit le motif et pour d'obscures histoires d'organisation interne, c'est deux heures ou rien, je dois faire attention. Si j'oublie de signer – et cela m'arrive, mon fils me remet son carnet, je le prends, n'ai pas de quoi écrire sous la main, j'oublie de signer et le lui rends quand il fait son sac –, il sera collé deux heures à cause de moi.

Puis il faut se rendre aux pages de « Remarques sur le travail et la conduite en cours ». Ce sont les pages où sont marquées les fameuses croix dans l'une des quatre colonnes prévues à cet effet : « Travail non fait », « Leçons non sues », « Oubli de matériel », « Bavardage ». L'élève démarre l'année avec un « capital » de vingt points. Le travail non fait coûte deux points, comme une leçon non sue. Pour un oubli de matériel ou un bavardage, ne sera retiré qu'un seul point. Au 22 octobre, il ne lui reste déjà plus que six points. La professeure principale, Mme Salami, a écrit en rouge un gros « Attention ! » que je dois signer. Quand on regarde le détail, on note qu'en un mois et demi, on déplore un oubli de matériel, deux « travail non fait » (dont un correspond en fait à une leçon mal copiée pendant le cours) et quatre bavardages. Somme toute, rien de vraiment grave qui justifie une telle mise en garde.

Suivent quatre pages réservées aux « Remarques sur le comportement et la vie à l'école », toujours vierges de tout reproche à ce jour. Mais cela, on ne le fait pas remarquer en rouge.

À la toute fin du carnet, juste avant les quatre dernières pages recensant les « Exclusions de cours », une page – une seule –, intitulée « Mérites ou progrès », est supposée accueillir des croix positives, équivalant à des compliments. En deux années complètes, mon fils n'a eu qu'une seule croix de mérite, lorsque, avec un camarade, il avait prêté main forte à l'ancienne directrice pour transporter quelques chaises d'une salle à une autre. C'est tout. Encore et toujours, on considère que, pour progresser, l'élève doit être sanctionné, jamais complimenté.

Je me rappelle le tout premier bulletin de sixième. Mon fils revenait de loin, de très loin même, après son CM2 catastrophique et le passage obtenu à l'arrachée. Il s'était donné beaucoup de mal et avait terminé ce premier trimestre avec un incroyable 14 de moyenne générale. Il était fier, tellement fier de nous montrer de quoi il était capable qu'il attendait ce bulletin avec impatience. Il espérait une espèce de récompense, peut-être pas les félicitations, mais au moins les encouragements. Il n'avait rien eu. Loin de le féliciter, plusieurs professeurs avaient noté « attention aux bavardages ». Et si l'appréciation générale avait bien relevé un « ensemble satisfaisant », ces deux mots étaient immédiatement suivis d'un « mais », pour insister sur le fait que « le travail manque de rigueur et l'attitude en cours n'est pas toujours propice aux apprentissages ». Il était au bord des larmes.

De manière générale, je remarque que les annotations sur les bulletins, lorsqu'elles sont positives, sont toujours assorties d'un « mais » privant l'élève de la stimulation qui lui donnerait l'envie de mieux faire. Pire, certaines appréciations sont incompréhensibles. Ainsi, au deuxième trimestre de cinquième, la directrice avait noté « les résultats ont chuté en français ». Chuté... ? La moyenne dans cette matière était passée de 11,5 au premier trimestre à... 11,3 ! De même, comment pouvait-on écrire « Une année scolaire décevante » quand un élève dyslexique, pour lequel aucun aménagement spécifique n'avait été mis en place, terminait l'année avec une moyenne de 14 sur 20 en français et en histoire-géographie, de 11,5 en mathématiques et de 10,5 en anglais ?

Alexandre s'en va. Il l'a annoncé à mon fils ce matin. Il ne reviendra pas après les vacances de la Toussaint. Alexandre est fatigué, très fatigué. Trop de devoirs, trop de trajets, trop de sanctions, trop d'incompréhension, trop de découragement, trop peu de sommeil. Il n'en peut plus, et ses parents non plus.

Le seul ami de mon fils, le seul qui était dans sa classe, s'est écroulé, il se retire. Les autres sont tous dans les autres quatrièmes. Des horaires différents, des professeurs différents, des lieux de vie différents, ils se voient peu, se perdent un peu. À côté de qui va-t-il s'asseoir à la rentrée ? Avec qui parlera-t-il, auprès de qui s'épanchera-t-il désormais ?

Les deux exposés qu'il devait préparer avec Alexandre, la poésie qu'il devait réciter avec Alexandre, les récréations avec Alexandre, les rires avec Alexandre, tout vient de voler en éclats ce soir d'octobre.

Dans le carnet de liaison, un nouveau papier à signer. Et un nouveau chèque à faire. Une sortie, encore. « *Dans le cadre de la pastorale, votre enfant est invité à assister à la comédie musicale JONAS* [...] *Cette sortie, qui sera précédée d'une présentation le jeudi 15 novembre, est obligatoire* [souligné dans le texte]. *Merci de bien vouloir compléter le coupon-réponse ci-dessous. Ce coupon-réponse, ainsi que la somme de 17 euros (en espèces ou en chèque libellé à l'ordre de l'OGEC dans une enveloppe nominative) sont à remettre au plus tard le lundi 12 novembre.* » Drôle d'invitation. Plutôt une convocation assortie d'une contredanse.

Le papier est signé de « M. Perrin ». Il est décidément partout, celui-là. Il est de toutes les sorties à orientation religieuse et remplace l'aumônier lorsque celui-ci, empêché, ne peut assurer la catéchèse du mardi matin. Peut-être existe-t-il aussi une carte à points pour les enseignants des collèges catholiques briguant la direction d'un établissement ? Un divorce : une croix (colonne « respect des engagements pris devant Dieu ») et cinq points retirés. Un bébé : un mérite ou progrès, cinq points ajoutés. Un dimanche sans messe : une croix, moins un point. Un pèlerinage : un mérite ou progrès, plus dix points. À cent points, bravo, vous avez gagné le droit de diriger un établissement.

Je complète le coupon, le découpe et le glisse dans une enveloppe avec un chèque, perplexe. Jonas ? Qu'est-ce que c'est que ça ? Jamais entendu parler. Le seul Jonas que je connaisse s'est fait avaler par une baleine mais je connais mal son histoire. Je vais voir sur la Toile. Le spectacle ne doit tout de même pas faire un tabac, les seuls sites qui l'évoquent sont des sites religieux. Rien dans *Télérama* ni *Libé*, pas même une recension dans *Le Figaro*. Je finis tout de même par trouver sur le site du magazine *Première* un résumé aussi bref que moqueur : « D'après le personnage biblique. Grands dieux, l'un des arrangeurs de la musique se nomme Dondiu Divin. »

Mon fils me prévient, il va falloir faire une recherche sur ledit personnage biblique à remettre à M. Perrin. Je sens que je vais devenir incollable en histoire sainte, je vais pouvoir bientôt rivaliser avec ma mère. Quand j'étais petite, je me rappelle que, à défaut de me faire dire ma prière du soir, elle me lisait *La Miche de pain* et d'autres petits livres carrés et peu épais, à couverture cartonnée, illustrés de dessins colorés, qui racontaient les histoires de David, Salomon, Abraham et d'autres dont je ne me souviens plus. Je les recevais comme les contes de *Blanche-Neige*, *Cendrillon* ou *Le Petit Poucet*. Pour moi, c'était la même chose. Des héros traversant des épreuves. Je ne cherchais pas à démêler le vrai du faux. J'ai retrouvé certains de ces petits livres dans un coffre au grenier. Sur la couverture un peu écornée de l'un d'eux, on voit le roi

David vêtu d'un manteau marron, se tenant debout près de ses moutons, un bâton de berger à la main.

De site en site, j'ai fini par reconstituer en quelques lignes l'histoire de Jonas et en effet, l'homme à la baleine et le héros de la comédie musicale ne font bien qu'un : « Jonas est un prophète imaginaire dont la vie est racontée dans "Le livre de Jonas", dans la Bible. Il aurait vécu durant le règne de Jéroboam II, en 785 av. J.-C. Dieu commande à Jonas d'aller à Ninive, la capitale de l'Assyrie, pour prêcher la repentance à ses habitants païens. Jonas refuse. Il fuit par la mer à l'opposé de Ninive, en direction de Tarsis. Une grande tempête se lève et les marins cherchent le responsable. Ils désignent Jonas, qui s'est endormi dans la cale, et le jettent à la mer. Jonas est alors avalé par un gros poisson, une baleine selon la légende. Après trois jours et nuits, le poisson vomit Jonas sur le rivage de Ninive. Se retrouvant malgré lui à l'endroit où Dieu lui avait commandé d'aller, il obéit et va prêcher la bonne parole. La population se repent, Dieu pardonne et renonce à détruire la ville. Jonas, au lieu de s'en réjouir, se met en colère contre ce Dieu qui accorde son pardon à des païens. »

Au hasard de mes recherches, je me retrouve sur des sites comme lelivrechretien.com, avec une croix en guise de t, faisant de la publicité pour Catéchèse & catéchuménat, le site des acteurs de la responsabilité catéchétique. Puis sur cathocatho.blogspot.fr. Un autre site m'accueille par ces mots : « Bienvenue dans la paix, la joie et l'amour de Jésus-Christ. » Un site m'explique, lyrique et un rien exalté : « Étudier Jonas, c'est aussi se rendre compte que Dieu connaît l'âme humaine, véritable sous-bois riche en zones d'ombre et de lumière... Étudier Jonas, c'est encore se rendre compte que l'Amour divin dépasse tout ce que l'on peut imaginer : il est le Dieu miséricordieux à l'infini ! » J'apprends aussi que les Juifs, une fois par an, à l'occasion de Yom Kippour, proclament en entier les quatre chapitres du « Livre de Jonas ».

Quoi qu'il en soit, il ressort de mes recherches que Jonas est « un instrument pédagogique et catéchétique particulièrement adapté aux jeunes et ce dès cinq ans ». Mon fils va s'éclater, c'est sûr.

En attendant, il recopie mon résumé sur une feuille double, ajoute une note sur « Le Livre de Jonas » : « Rédigé vers le Ve ou IVe siècle av. J.-C., le "Livre de Jonas" relate l'histoire d'un des douze petits prophètes, nommé Jonas » et une autre sur la ville de Ninive : « Ninive, ancienne ville de l'Assyrie, l'une des plus anciennes cités de Mésopotamie, se situait sur la rive est du Tigre, dans les faubourgs de la ville moderne de Mossoul, en Irak, dont le centre se trouve de l'autre côté du fleuve. » On colle quelques images en couleur trouvées sur Internet, et au lit.

Le lendemain, M. Perrin ne ramassera pas les copies. Il ne vérifiera pas que le travail a été fait. Ni le surlendemain, ni les jours suivants. Je retrouverai la feuille toute chiffonnée au fond du sac, entre un chewing-gum mâché et une cartouche crevée.

Depuis l'année dernière, Valentin n'est plus là. « On ne peut pas faire passer ce garçon en cinquième, il ne pourra pas suivre. » Et alors, ai-je eu envie de rétorquer, et alors ? Quelle importance s'il ne peut pas « suivre » ?

Je n'ai pas d'affection particulière pour cet enfant. Loin de là, même. Mon fils était ami avec lui en sixième, ensemble ils ont fait les pires bêtises. Déjà, Valentin était redoublant. Déjà, grand pour son âge et plutôt baraqué, il faisait une tête de plus que ses camarades. L'an prochain, après la poussée estivale, il en ferait deux de plus et risquait d'avoir, en prime, quelques poils noirs au-dessus de la lèvre supérieure. Décalé, il allait être complètement et irrémédiablement décalé, détonnant. La risée des autres élèves de sa classe. On est cruel à cet âge. Ce garçon a déjà une histoire familiale compliquée. Comment peut-on envoyer comme ça un enfant à l'échec, à la honte, au ridicule, à la marge ? Où est l'amour du Christ, le secours apporté aux plus faibles ? Je suis choquée. Je ne comprends pas. Je suis, par principe, farouchement opposée au redoublement jusqu'au lycée. C'est stigmatisant. On ne se remet jamais d'un redoublement, sauf à l'avoir choisi, ce qui est rarement le cas avant les grandes classes. C'est le plus souvent inutile, et ça fait toujours mal. Combien d'années encore allons-nous rester l'un des seuls pays industrialisés à pratiquer cette coutume barbare qui enfonce nos enfants dans la honte dès le jeune âge ? Alors que le fameux « modèle finlandais » que nous érigeons en exemple l'a banni depuis des lustres ?

Valentin ne reviendra pas. Les bons catholiques n'en veulent plus. Ils l'ont pourtant « confirmé » ; avec eux, il a « renouvelé ses vœux de baptême », faisant sa « profession de foi ». Pour cela, ils lui ont bourré le crâne de belles paroles pendant un an à raison d'une heure par semaine plus trois jours de « retraite » à grand renfort de cantiques, de *Notre-Père*, de *Je crois en Dieu*, d'actes de contrition et de *Je vous salue Marie*. Ils l'ont confessé, l'ont revêtu d'une aube blanche, lui ont passé autour du cou un cordon où pendait une croix de bois. L'évêque l'a oint de l'huile sainte, lui a posé la main sur la tête. Et voilà. Maintenant, dehors la brebis galeuse, qu'elle aille rejoindre un autre troupeau.

Le jour de la grande cérémonie, dans l'église pleine de costumes cravates, de tailleurs chics et d'escarpins, de rubans dans les cheveux et de blazers bleu marine des enfants tirés à quatre épingles, leurs médailles de baptême brillant à la lueur des cierges, je l'avais regardé. L'enfant terrible m'avait soudain paru si innocent dans sa blancheur, il semblait ému et comme démuni. Il m'avait fait de la peine. Sur le parvis, j'étais allée le trouver, avais échangé avec lui quelques mots intimidés, il avait eu un sourire pâle et très doux. Dans l'expression de son regard, derrière ses lunettes carrées, était passé comme un renoncement.

À la rentrée, il intégrera un nouveau collège, là où l'on aura bien voulu de lui, le garçon aux deux années de retard. Il perdra ses copains, ne saura plus qu'inventer pour exister, se faire respecter – craindre ? – de ses condisciples et prouver à tous, élèves, parents, profs, qu'il est fort, que non, il n'est pas encore à terre.

Quelques mois après, j'apprendrai qu'il a fugué une fois, deux fois. Régulièrement, il ira se cacher chez un ancien camarade dont les parents, en instance de divorce, sont absents ou ferment les yeux. Puis mon fils perdra sa trace. La décision irresponsable du conseil de classe a projeté Valentin sur le bas-côté de la route, sans gilet jaune ni triangle rouge.

Il n'y a pas que les enfants en difficulté ou en échec scolaire qu'ils abîment. Aujourd'hui, dans le cadre de mon activité professionnelle, j'ai rencontré Laurence. À peine la conversation a-t-elle glissé sur l'école qu'elle a démarré sur des chapeaux de roues. Laurence est catholique, peu pratiquante, mais elle a la foi, et pour elle l'esprit chrétien a du sens. Comme beaucoup, elle a mis ses fils chez les cathos après une mauvaise expérience dans le public en primaire. Comme beaucoup, elle avait des attentes précises. Elle aspirait à un vrai dialogue avec l'école, à ce que parents et enseignants marchent main dans la main pour mener ses enfants, tous deux brillants, à s'épanouir avec leurs spécificités.

L'expérience a tourné au cauchemar. Antonin était heureux d'entrer en sixième, il se sentait grand, autonome, il était épanoui. Il a toujours été bon élève, mais là, on note plus sec, il s'agit d'« encourager le dépassement de soi ». Laurence n'est pas inquiète. Son fils n'a pas de difficultés d'apprentissage, c'est juste une question d'adaptation à un autre système, de nouvelles exigences. Antonin a été diagnostiqué enfant précoce, l'école le sait.

Mais qu'importe la personnalité de l'enfant, les problèmes liés à une précocité souvent difficile à vivre, le conseil de classe inflige dès le premier trimestre à l'élève un « avertissement de travail ». La suite de l'année sera une lente désillusion, pour Antonin comme pour ses parents, jusqu'à développer chez l'enfant une véritable phobie scolaire.

Laurence avait choisi ce collège catholique pour trouver une qualité d'écoute, un esprit chrétien. Elle n'a rien trouvé de tout cela. « Eux, ce qu'ils veulent, c'est un élève qui ne pénalise pas la réputation de l'école. Ils ne consentent aucun effort pour aider l'enfant, tenter de le comprendre pour le mener au mieux de ses capacités. Ils ne remettent pas en cause leur pédagogie. Ils ne sont pas là pour discuter. L'élève doit être dans la norme. »

Le frère d'Antonin, Ernest, est un excellent élève. Il se retrouve dans la meilleure classe de troisième. L'âge est difficile, c'est l'adolescence, la période où tout vacille. L'année commence très bien, Laurence félicite son fils. Le collège, non. Ni tableau d'honneur, ni encouragements. C'est comme ça. On attend mieux. Toujours mieux. Faute d'avoir vu ses résultats récompensés, Ernest se relâche, les notes baissent. À la fin du deuxième trimestre, la sentence tombe. On est en mars, il reste encore trois mois de cours, trois mois pour progresser, mais qu'importe : le conseil de classe préconise un redoublement. Encore une fois, on ne cherche pas à comprendre, on ne parle ni avec les parents, ni avec l'élève. Pourtant, chez un adolescent, un tel couperet peut avoir des conséquences graves. Mais là n'est pas le souci de ceux qui prêchent la bonté et la charité chrétiennes. Il semblerait que l'élitisme ne soit pas compatible avec la parole du Christ.

Laurence ne décolère pas : « Ils esquintent nos enfants, ils les cassent, et après, nous on en fait quoi ? On est coincés. Le public tord le nez pour nous les reprendre, ils ne sont plus les bienvenus. Trouver un autre établissement privé qui accepte l'élève qui a été renvoyé est un véritable parcours du combattant car les cathos sont devenus hyper-sélectifs. En fait, une fois qu'on a mis le pied dans l'enseignement catholique, on est pris en otage. »

Bien sûr, il s'agit d'*un* témoignage personnel, de l'expérience d'*une* mère de famille visiblement exaspérée, dans *un* collège privé de la proche banlieue parisienne. Bien sûr...

On met son enfant dans un collège catholique pour tout un tas de raisons. Quand un enfant a des difficultés scolaires, on se dit qu'il sera mieux compris, plus encouragé. Quand un enfant a des difficultés psychologiques, on se dit qu'il sera mieux écouté. Quand un enfant a des problèmes familiaux, on se dit qu'il sera mieux entouré. Quand on redoute les classes trop chargées, on se dit qu'elles y seront plus légères. Quand on peine à communiquer avec les professeurs, on se dit que ce sera plus facile. Quand on souffre de l'indifférence, on se dit que l'on va trouver des enseignants plus attentionnés. Quand c'est marche ou crève, on se dit que l'on y sera plus attentif à l'autre. Quand on déplore l'injustice, on se dit que le souci de justice fait partie de leurs valeurs. C'est un immense malentendu. Quand on met un pied dans l'enseignement catholique, on court un grand risque de pénétrer en Absurdie. Ils voient les cheveux trop longs, les jeans trop usés, les paquets de chewing-gums mais demeurent aveugles à l'injustice, à l'épuisement, au découragement, aux efforts. Ils entendent les gros mots, une trousse qui tombe, un portable qui sonne mais restent sourds aux problèmes psychologiques, à la détresse, à la déception d'un enfant et aux appels à l'aide des parents.

Maud non plus n'en peut plus. Elle aussi a fait les frais du malentendu. Dans le collège catholique où est scolarisé son fils dans cet arrondissement de l'est de Paris, on lui avait fait, à elle aussi, de belles promesses. « Nous acceptons tous les élèves avec leurs différences et leurs difficultés », l'avait-on rassurée. Son fils est en quatrième, il ne s'en sort pas. Trop de travail, trop d'exigence, et des humiliations à répétition. Un premier rendez-vous fixé avec la directrice, toujours débordée, a été tout simplement « oublié » par celle-ci ; le second lui imposera une attente d'une heure et demie... Elle me lance un regard désespéré par-dessus sa tasse de thé vert : « On met nos enfants chez eux parce qu'on veut les aider, les protéger, on paye pour leur offrir le meilleur, et au final ça se révèle pire que tout ! Ils nous bassinent les oreilles avec leurs valeurs chrétiennes, leur catéchisme, mais ce sont des écoles comme les autres, c'est marche ou crève. Ils bousillent les gamins ! »

Retour au site. Non, je n'ai pas rêvé. Il est bien écrit que « ***l'attention et l'écoute portée*** [sans s et en gras dans le texte] *aux élèves les plus en difficulté, la grande disponibilité de l'équipe enseignante et éducative et les valeurs de respect mutuel auxquelles nous sommes indéfectiblement attachés font de l'établissement un lieu où chacun se sent considéré et trouve sa place dans un cadre qu'on peut qualifier de "familial"* ». C'est pour cela qu'à la fin de l'année dernière, toute confiante, j'avais adressé ce mail à la professeure d'anglais de mon fils.

> *« Chère Madame,*
> *Je me permets ce petit mail car T. est rentré catastrophé par le contrôle d'anglais de ce matin. Il s'agissait, m'a-t-il dit, de questions sur un texte auquel il n'a rien compris. Du coup, il n'a presque rien pu écrire (alors qu'il connaissait bien sa leçon qu'il m'avait récitée hier soir : verbes irréguliers par cœur, relecture attentive du texte sur Charles Dickens et sur la bataille de Hastings avec apprentissage du vocabulaire, révision de* How many, there was *et* there were...*). Aussi voulais-je vous demander conseil sur ce problème de compréhension dont, me dit-il, il souffre également en classe.*

Qu'il s'agisse d'écoute (anglais oral) ou d'étude d'un texte, il ne comprend absolument rien, ou si peu. Cela peut expliquer son manque de participation car il est souvent perdu.
S'agit-il, selon vous, d'un simple déficit de vocabulaire ? Et si oui, comment, avec quelle méthode, combler ce déficit ?
Ou bien sa dyslexie peut-elle être en cause ?
Comme je vous l'avais dit lors de notre dernier entretien, T. va aller passer trois semaines dans une famille irlandaise, mais d'ici là, j'aimerais tout de même m'efforcer de l'aider à terminer correctement son année scolaire.
Avec mes remerciements pour votre écoute et vos conseils,
Bien cordialement. »

Je me suis renseignée, la professeure a bien reçu le mail. Elle ne m'a jamais répondu.

Lors de mes pérégrinations quotidiennes sur la Toile, je suis tombée, je ne sais trop comment, sur le blog « Semper Optimus », hébergé par Mediapart et tenu par un certain Philippe Waeselynck, professeur de mathématiques dans un établissement catholique de province. Il y fait notamment le constat suivant : « L'hypocrisie, la manipulation sont la valeur d'échange de l'enseignement catholique, c'est vrai, même si on peut de temps en temps trouver des personnes de valeur... Je connais un chef d'établissement qui a quitté sa femme, qui vit avec une autre en se cachant de peur que l'enseignement catholique ne soit au courant et ne le vire... Un autre a toujours été refusé parce qu'il était divorcé. Un autre, bien connu à Perpignan, a obtenu l'annulation de son mariage par le Saint Père... et a pu se remarier... Bref, c'est l'enseignement catholique, qui oublie toujours de lire ce que le Messie pensait des hypocrites... »

Je ne suis donc pas seule à penser ce que je pense. Pas seule non plus, et c'est moins glorieux, à cracher dans la soupe. Je n'étais pas obligée de mettre mon fils chez les cathos, ni ce monsieur d'y enseigner.

« Beaucoup de parents choisissent l'école catholique sans raison religieuse mais évoquent des "valeurs". Pourquoi viennent-ils chez vous ? interroge le journaliste du *Figaro* qui reçoit Claude Berruer, secrétaire adjoint à l'enseignement catholique.

– Les familles nous parlent beaucoup du fait que nos établissements leur apparaissent comme plus familiaux, que leurs enfants y sont davantage encadrés que dans le public. On nous reconnaît une écoute particulière de l'enfant, une expertise éducative liée à une longue tradition ; le principal, dans notre projet, c'est de promouvoir la personne humaine, c'est la question de la liberté, de la responsabilité, l'amour de la vérité. Il y a une façon catholique d'aborder ces thèmes universels. »

Réaction d'un ancien élève :

« J'ai fait ma scolarité dans des établissements catholiques. J'y ai appris la violence, le mensonge, l'hypocrisie, l'intolérance et le fanatisme dans certains d'entre eux. Je suis aujourd'hui complètement athée et profondément anticlérical... ! »

No comment.

Mon fils n'est pas un excellent élève, mon fils n'est pas sage comme une image. Mon fils gigote, c'est plus fort que lui, il ne tient pas en place. C'est vrai que c'est agaçant. Lors de mon rendez-vous avec la professeure de français, Mme Salami, qui est aussi la professeure principale, elle s'en est plainte. Pourtant, elle s'est montrée relativement ouverte, ne demandant qu'à l'aider à progresser, tant sur le plan des résultats que de l'attitude en classe. Évoquant les difficultés de mon fils et en particulier sa dyslexie, elle est allée chercher le bon Dieu. « Vous voyez, il faut être heureux de ce que le Seigneur nous a donné. Moi il me met à l'épreuve avec des problèmes de santé (qu'elle me détaille) mais il m'a donné l'amour de la littérature et de merveilleux petits-enfants, alors je suis heureuse. Le bon Dieu a donné à votre fils des facilités en sport mais il lui a aussi donné des difficultés scolaires. Dieu l'a voulu dyslexique, eh bien votre fils doit apprendre à être heureux avec ce que le bon Dieu lui a donné. » Puis elle m'a dit qu'elle ne demandait pas la lune, simplement qu'il reste calme et attentif une partie du cours. Il pourrait commencer par essayer dix minutes, puis il passerait à quinze, et comme ça, de cours en cours, il finirait par tenir toute l'heure.

Le soir, mon fils vient au rapport. Il promet d'essayer.

Le lendemain, le CPE me rapportera une attitude « impeccable » en cours de français. Le surlendemain, je reçois un mail de la professeure louant l'attitude de mon fils. Il fait un énorme effort, c'est certain. Le jour suivant, elle le félicite à la fin du cours et lui fait une promesse : « Si vous tenez comme cela jusqu'à la fin de la semaine, je vous mettrai une croix dans votre carnet de liaison à la page "Mérite ou progrès". » Un rêve ! Très motivé, il se montre encore plus calme et attentif. Le dernier soir, il rentre fier de lui, tellement heureux à la perspective d'avoir enfin un « mérite » noté dans son carnet, lequel, en plus, va lui rapporter trois points. Il doit encore patienter jusqu'au jeudi de la semaine suivante. Le décompte des points se faisant le jeudi, elle lui a promis qu'elle lui mettrait sa croix ce jour-là. En cours de français, son attitude reste irréprochable. Las, entre-temps, il perd encore quelques points pour bavardage en espagnol. On lui avait demandé dix minutes, il avait tenu plusieurs cours de cinquante minutes, il avait déjà dépassé l'objectif fixé, on pouvait admettre qu'il se relâche un peu... Et puis le pacte n'avait pas été passé avec chaque professeur pour chaque matière.

Arrive le jeudi et le fameux décompte. Dans le carnet de liaison, de sa grosse écriture ronde, rouge comme un feu rouge, Mme Salami écrit : « Douze moins deux égalent dix points. Attention ! » « Et mon mérite ou progrès ? » demande mon fils, déconfit. « Je ne vais tout de même pas vous mettre un mérite alors que vous n'avez pas été sage en espagnol ! »

Trahison.

Il est devenu tout rouge et tout chaud. La brûlure de l'injustice. Ce n'était pas dans le deal. Elle n'avait pas tenu sa promesse. Un adulte qui ne tenait pas ses engagements, comment était-ce possible ?

Il en pense quoi, le bon Dieu ?

Depuis ce jeudi, mon fils gigote à nouveau sur sa chaise, fait tomber gomme et stylos, son cahier de français est à nouveau mal tenu, ses lignes sont chaotiques et ses phrases bourrées de fautes, et, dixit le CPE, la professeure de français l'a dans le nez.

Mon fils a fait des progrès dans plusieurs matières. Les notes montent. Pourtant, il est donc désormais mal vu par la professeure principale. Il a été convoqué par le CPE qui, loin de relever les bonnes notes – mais ce n'est pas son rôle –, lui explique qu'il doit faire très attention, que Mme Salami ne le supporte plus. Pourtant, lors de notre entretien, elle m'avait semblé gentille. J'avais expliqué à mon fils que cette dame avait l'air « si bonne », ce qui l'avait fait rire bêtement. Qu'il devait lui faire confiance. Je crois que je me suis trompée.

Ici, ce qu'on demande aux enfants, et sans doute Mme Salami plus encore que les autres enseignants, ce n'est pas tant de bien travailler, d'apprendre leurs leçons et d'améliorer leurs résultats. Non. Ce qu'on leur demande, c'est de dire bonjour madame, bonjour monsieur, s'il vous plaît et merci ; c'est de lever le doigt avant de parler ; c'est d'être soigneusement vêtu ; c'est d'avoir les cheveux courts pour les garçons, attachés pour les filles ; c'est de ne pas courir dans l'escalier ; c'est de ne pas dire de gros mots ; c'est de ne pas se balancer sur sa chaise ; c'est de ne pas faire tomber sa trousse ; c'est de ne pas parler avec son voisin ou sa voisine ; c'est de ne pas bâiller en classe.

J'ai parfois le sentiment que, plus qu'un enseignement académique approfondi, les éducateurs veulent assurer un polissage en surface des élèves, les lisser, raboter leurs bosses et leurs aspérités pour les recouvrir d'un vernis incolore et brillant qui, une fois sec, figera les plus malléables dans un moule à leur goût.

Sauf que leur goût n'est pas le mien.

Je n'aime pas que l'on me dise comment coiffer et habiller mon fils. J'ai l'impression que c'est moi que l'on juge, que c'est moi, et l'éducation que je tente de lui donner, qu'à travers lui on désapprouve, que c'est à moi que l'on dicte une conduite.

Je n'aime pas que certains professeurs prétendent savoir mieux que moi ce qui est bon pour mon fils alors qu'ils écrivent « recherche personnel » au lieu de « personnelle », « quand à » au lieu de « quant à » et « de part » au lieu de « de par ».

C'était trop beau, depuis quelques jours tout semblait aller de mieux en mieux : le discours des profs, le comportement en classe, les devoirs du soir, et même les notes. Il s'est produit deux miracles. D'abord, un 13,5 en conjugaison. Extraordinaire. L'orthophoniste fait du bon boulot. Boosté par ce succès tout neuf, mon fils me demande de commander sur Amazon un jeu édité par Bescherelle (!) auquel il joue régulièrement lors de ses séances d'orthophonie. C'est une sorte de jeu de l'oie dans l'univers de la conjugaison. Je m'empresse de commander en un clic, le jeu devrait arriver en fin de semaine. Puis il y eut l'incroyable 13 en géographie. Je n'en reviens pas. Mon fils aurait-il réussi à se mettre le bon Dieu dans la poche ? Mais voilà, ça n'a pas duré.

Ils ont eu une dictée. Sur le cahier de textes, il était noté, entre autres exercices et leçons, « relire attentivement les trois premiers paragraphes du *Veston ensorcelé* ». Mon fils les avait « bien » relus... Mais il ne s'attendait pas à une dictée. Lorsque j'avais évoqué cette éventualité, il m'avait dit : « Non, elle nous a assurés qu'il n'y aurait pas d'interro demain. » J'en conclus qu'une dictée de trois paragraphes n'est pas considérée comme une interrogation écrite. Bref, nous avions juste « relu attentivement » ensemble ce passage. La note est tombée le soir même : 2. En fait, zéro plus un « bonus dyslexie » arbitrairement évalué à deux points. Sur une vingtaine de lignes, mon fils a fait quatorze fautes. Ça fait cher la faute et bon marché la dyslexie. En tout cas, voilà qui fait chuter sa moyenne déjà si fragile. Je ne comprends pas : n'aurait-il pas été plus simple d'écrire dans le cahier de textes : « Dictée préparée : trois premiers paragraphes du *Veston ensorcelé* » ? Pourquoi toujours chercher à piéger les élèves ? Quel est le bénéfice pédagogique de telles méthodes ?

Du coup, c'est avec une relative mauvaise humeur que je jette un œil sur le contrôle de conjugaison. D'abord, je trouve que c'est noté extrêmement sec. Ensuite, il a 27,75 sur 40, ce qui fait 13,87 sur 20. Alors pourquoi 13,50 ? Pourquoi avoir arrondi à la note inférieure plutôt qu'à la note supérieure ? Encore une manière de privilégier le négatif. Quitte à arrondir, la note est plus proche de 14 que de 13,5. Mais voilà, entre le moins et le plus, on choisit toujours le moins. Est-ce ainsi que l'on encourage un enfant qui a fourni un effort réel ?

Assez agacée, je retourne sur le site de l'établissement et clique sur l'onglet « collège ». *« Les équipements déployés, les formations mises en place pour les enseignants et l'investissement de ceux-ci permettent d'offrir aux élèves une* **pédagogie enrichie** [en gras dans le texte] *suscitant plus d'intérêt et de motivation dans les apprentissages (voir ici).* » N'ayant pas encore pu apprécier chez mon fils un regain « d'intérêt et de motivation dans les apprentissages », je suis intriguée et m'interroge sur le contenu de cette « pédagogie enrichie ». Comme m'y invite le lien vert, je clique donc sur « voir ici » :

« 404-Composant non trouvé.

Vous ne pouvez visiter cette page car :

1. bookmark/favoris périmé

2. un moteur de recherche possède un listing périmé pour ce site

3. une adresse erronée

4. vous n'avez pas accès à cette page

5. la ressource demandée n'a pas été trouvée

6. une erreur est survenue pendant l'exécution de la requête »

De la merveilleuse Mme Siméon à la redoutable Mme Salami, les professeures de français se suivent et ne se ressemblent pas. L'une était l'année dernière la professeure principale de mon fils, l'autre l'est cette année. L'une avait, tout au long d'une cinquième chaotique, cherché à le comprendre et à l'aider, concédant un certain nombre d'aménagements propres aux élèves dyslexiques, notamment en dictée et en étude de texte. L'autre, effarée par le vocabulaire ordurier de mon fils et par son agitation, lui reprochant haut et fort devant toute la classe de se « cacher derrière sa dyslexie », ne le supporte plus. L'une lui avait donné le goût de la lecture et de la grammaire, l'autre l'en a dégoûté au bout de deux mois. L'une l'avait défendu bec et ongles aux conseils de classe et avait convaincu la directrice du non-sens d'un redoublement en cinquième, l'autre ne cesse d'aller se plaindre de lui auprès du conseiller d'éducation. L'une a un master de théâtre, de la fantaisie, un esprit ouvert et curieux de tout, l'autre est à six mois de la retraite et ne jure que par le bon Dieu. Et l'autre, dixit mon fils et confirmé par ses camarades, n'apprécie guère les méthodes de l'une et ne se prive pas de le dire en classe.

Cette année, après Maupassant et les nouvelles réalistes, la classe de mon fils étudie les nouvelles fantastiques. Le soir, je jette un œil sur le cahier de français, là où il prend son cours sous la dictée de Mme Salami. Je parcours la page du jour, corrige machinalement les quelques fautes d'orthographe. Après une introduction générale retraçant l'historique du genre fantastique, suit l'étude du *Veston ensorcelé*, la nouvelle de Buzzati. Sont d'abord analysés la situation initiale et l'élément modificateur. Puis, pour finir et boucler l'étude de ce texte, vient l'explication du dénouement. Sur la page de droite de son cahier, au-dessous du titre, « Le dénouement », écrit en rouge et souligné, je lis :

« Le dénouement est un retour à la case départ, et le narrateur n'a plus aucune possibilité d'être heureux et sauvé par notre Seigneur. »

Amen.

Extrait du blog de Philippe Waeselynck : « On manifestait beaucoup, à Versailles par exemple, mené par les Associations de parents d'élèves de l'enseignement libre – APEL (très à droite). Au fait, ça doit toujours exister... L'adhésion figure sur les factures des établissements (ce qui est illégal, une adhésion doit être un acte volontaire). »

Oui, vérification faite, c'est exact. Je viens de regarder le détail de ma facture pour l'année scolaire 2010-2011. Entre autres choses, apparaissent un « forfait sortie », 60 euros, et un « voyage ou sortie » (quelle différence... ?), 22 euros. Sachant que nous payons entre 15 et 35 euros chaque sortie, à quoi sert cet argent ? Nous payons aussi d'office un « carnet de tombola », 10 euros, lequel carnet est remis aux élèves en fin d'année scolaire au moment de la fête de l'école, carnet dont ils sont supposés vendre chaque billet et remettre le produit de la vente à l'établissement... Cela finit par faire cher le bout de papier tamponné ! Puis nous achetons d'office un « maillot de sport » avec logo de l'école, 10 euros. Enfin, apparaissent deux cotisations, dont une qui serait « volontaire ». Je n'ai personnellement jamais exprimé la volonté de verser cette « cotisation volontaire à l'immobilier (à l'ordre de FSM) » qui représente tout de même 250 euros ! Je n'ai pas la moindre idée de ce qu'est ce « FSM » auquel je cotise « volontairement ». Sans doute un fonds de solidarité quelconque ? Google s'est montré impuissant à m'éclairer, me proposant, par ordre d'apparition, les Foyers de Seine-et-Marne, la Fédération des spécialités médicales, la Faculté des sciences de Monastir, les Forces sous-marines, la Church of the Flying Spaghetti Monster (là il y a bien la notion d'Église mais les spaghettis volants me laissent un doute) ou encore la Fédération syndicale mondiale... Enfin, moi qui n'ai jamais été encartée ni membre de quelque syndicat que ce soit, je me retrouve en effet verser une « cotisation APEL » de 32 euros. Ce qui revient bien à une espèce d'adhésion forcée.

Depuis 2011-2012, la facture ne fait plus dans le détail. Elle se subdivise en « Contribution annuelle des familles », « Frais généraux », « Assurance MSC » et « Association des parents d'élèves ». Je demeure donc syndiquée contre mon gré.

Aujourd'hui, c'est la grande réunion parents-professeurs. Ici, ça ne se passe pas comme ailleurs. C'est très organisé. Un mois plus tôt, nous avons reçu une feuille avec un coupon-réponse où nous étions invités à indiquer les quatre, pas un de plus, professeurs que nous souhaitions rencontrer ce jour-là. Chaque entretien durerait cinq minutes. Pour un entretien plus approfondi, nous étions priés de prendre rendez-vous en dehors de la réunion. Ayant déjà rencontré les professeurs d'histoire-géo et de français, il me restait à choisir entre anglais, espagnol, sciences de la vie et de la terre, physique et maths. J'avais donc été obligée d'en sucrer un. J'avais hésité un moment entre espagnol et physique ; finalement, mon fils ayant des notes convenables en espagnol, j'avais opté pour la physique.

Accompagnée de mon fils, j'arrive un peu en avance devant la porte de la professeure de mathématiques. Mme Lamentin, une liste à la main, passe une tête, appelle un parent, lequel n'est manifestement pas encore arrivé. Alors, puisque je suis là, elle m'invite aussitôt à prendre sa place. « Moi, je vois ceux qui sont là. Tant pis pour les autres. » Mon fils avait raison, elle est sèche. Très vite, elle m'avoue : « Je n'ai aucune patience. » Dommage quand on doit tenir des classes d'ados en pleine poussée hormonale. Avec elle, l'horaire est respecté à la seconde près. Au bout de cinq minutes chrono, elle me met à la porte, parfaitement rassurée que j'exige, moi aussi, que mon fils tire ses traits à la règle. Il me reste cependant à le persuader de lire correctement les énoncés, d'illustrer ses démonstrations par une figure, de remplacer quand nécessaire les crochets par des parenthèses et de cesser de confondre les signes moins et plus. J'attends que la place se libère pour aller m'asseoir en face de la professeure de SVT, une jeune femme avenante qui semble apprécier mon fils. Ça fait un bien fou. Jusqu'à présent, il n'y avait guère que l'entraîneur de tennis qui me faisait des compliments, mettant en avant des progrès constants et des efforts réels. Le prof de physique est un peu plus coriace mais pas antipathique.

De retour dans le couloir où d'autres parents attendent, on s'impatiente. Il y en a qui sont là depuis une demi-heure, certains professeurs ont du retard, tous ne respectent pas les cinq minutes règlementaires. On en vient à regretter les réunions classiques, sans rendez-vous, dans une grande salle surchauffée où l'on fait la queue en papotant devant chaque petit pupitre où transpire un enseignant épuisé. C'est alors qu'au milieu des mères de famille ternes et grises, je découvre un couple différent. Elle est jolie et souriante, lui a les yeux qui frisent et le contact facile. Pendant qu'il engage la conversation avec mon fils, elle et moi échangeons sur la danse classique. Puis cet homme charmant me raconte qu'il était un cancre qui se faisait régulièrement mettre à la porte des cours.

Mais le plus étonnant, c'est le naturel avec lequel il me dit « nous ne sommes pas catholiques, notre fille n'est pas baptisée ». Violette n'est pas au catéchisme avec mon fils, elle assiste, à la même heure, au cours d'histoire des religions dispensé par la professeure de SVT. Et il semblerait qu'avec elle, ça déménage ! Les élèves l'adorent, elle les fait danser, chanter, ils s'amusent et en redemandent. Mon fils semble très intéressé. Plus ça va, plus il rejette le catéchisme. Il s'y ennuie, n'aime pas celui qu'ils appellent « le père » et pour faire passer cette première heure du mardi matin, le plus discrètement possible, il dort.

Mon tour est arrivé pour le dernier rendez-vous. La professeure de français appelle les parents de Violette et je me dirige vers la professeure d'anglais.

L'année dernière, ça avait été un peu difficile avec elle, je n'oublie pas qu'elle n'avait jamais répondu à mon mail et que ses appréciations sur le dernier bulletin de cinquième n'avaient pas été tendres. Je sais qu'elle s'était prononcée en faveur du redoublement de mon fils. Mais là, elle est charmante, se montre compréhensive et même encourageante. Je n'en reviens pas. Cette journée est décidément pleine de surprises.

En sortant du collège, mon fils et moi sommes de bonne humeur. C'est rare et c'est bon. On est vendredi soir, rien ne nous presse, pour les devoirs c'est relâche. Je propose un apéritif-dîner à la brasserie d'en face. Chocolat chaud et croque-monsieur pour lui, verre de beaujolais et petits sandwichs au cantal et jambon cru pour moi. Le week-end commence tout en douceur.

Comme chaque soir, mon fils rentre à la maison vers 17 h 30 ou 18 heures. Comme chaque soir, il semble épuisé. Comme presque chaque soir, il a une ou deux mauvaises nouvelles à annoncer, une sale note, une remarque vacharde, une colle, une croix. Comme chaque soir, il n'a qu'une envie, s'effondrer sur son lit et dormir, dormir jusqu'au week-end, oublier le collège, les devoirs, les profs, les surveillants.

Il goûte. Se pose un petit quart d'heure. Caresse le chien. Essaie de se détendre. Me raconte un peu sa journée. Puis il se met à son bureau. Comme chaque soir, il a beaucoup de travail. Pour demain, il a de l'anglais (une leçon et un exercice), de l'espagnol (deux pages d'exercices), du français (apprendre le cours sur « Le héros ») et une interrogation écrite en histoire portant sur quatre pages du livre et annoncée aux élèves hier seulement.

Il lui faudra une demi-heure au moins par matière, des pauses d'une dizaine de minutes entre chacune, puis une bonne heure pour les révisions d'histoire. Si tout se passe à peu près bien, cela nous mènera aux alentours de 21 heures. Dîner rapide, seul et avant nous, pour ne pas perdre de temps. Puis bain, pyjama, brossage de dents et préparation des affaires pour le lendemain. Il se couchera vers 22 heures ou 22 h 30. Si tout se passe bien...

Dans son lit, il peinera à s'endormir. Il est anxieux. Il sait que son travail n'est jamais impeccable, il lui faudrait deux fois plus de temps, ou deux fois moins de devoirs. Souvent il ne s'endort pas avant 23 h ou 23 h 30. Sur les quatre ou cinq heures que nous avons passées ensemble, nous avons peut-être parlé une petite demi-heure, et encore, pas de manière détendue. J'ai l'impression de perdre peu à peu mon fils. Je suis devenue une machine à faire réciter et à gronder, une espèce de perroquet exaspéré et dépassé qui ne cesse de répéter « vite, vite, dépêche-toi, allons, plus vite, plus vite ». Nous n'avons plus le temps de prendre le temps.

À 6 h 15, le réveil sonnera. Vite, se lever, s'habiller, prendre son petit déjeuner, se laver les dents, se coiffer ; vérifier qu'il n'oublie rien, le pass Navigo, la carte de cantine, les clés, la trousse, les devoirs à rendre ; réviser une dernière fois avant de monter dans la voiture et de réciter le plus important à son père.

Il est épuisé. Nous aussi. Il ne dort pas assez. Nous non plus. À ce rythme-là, quand faire un jeu de société en famille ? Regarder ensemble un documentaire intéressant à la télévision ? Visionner un bon film ? Aller au musée ? Au cinéma ? Lire un livre ? Faire du sport en famille ? Aller nager un soir par semaine, comme le recommande le médecin qui le trouve un peu chétif ? Voir ses amis ? Parler, tout simplement ? La vie de la famille entière tourne autour de l'école. Et quand on s'autorise enfin une sortie tous ensemble, on a mauvaise conscience, on pense à ce fichu subjonctif imparfait qui ne veut pas rentrer, au prochain contrôle de lecture sur ce bouquin qui l'ennuie, à l'effaceur qui ne marche plus et qu'on a oublié de remplacer...

Je me rappelle la réunion de rentrée du mois de septembre, les paroles de la directrice : une demi-heure, une heure maximum, doit être consacrée aux devoirs du soir.

Je crois que nous nous sommes trompés. Ce collège est un établissement destiné aux enfants surdoués.

Ce lundi 3 décembre à 16 h 28, je reçois un sms du collège :

« Rappel : Demain mardi 4 décembre, célébration d'entrée dans l'Avent à 8 h 10. La présence de tous les élève [sans s] *est obligatoire. »*

Mon fils me confirme que tous, catholiques, protestants, juifs, musulmans, athées, sont tenus d'assister aux offices célébrés dans le cadre de la pastorale. Aucune dispense n'est accordée. Les parents d'une élève juive, qui s'élevaient contre cette contrainte, l'ont constaté à leurs dépens. Je suis perplexe. Tous les établissements de l'enseignement catholique agissent-ils ainsi, ou bien le collège de mon fils est-il particulier ? Quoi qu'il en soit, je trouve cela étrange, d'autant que je lisais récemment qu'à peine 14 % des parents inscrivant aujourd'hui leurs enfants dans le privé le feraient pour des raisons religieuses.

Je ne comprends pas ces obligations. Bien sûr que, le philosophe Benoît Schneckenburger le rappelle dans

Libération, « l'enseignement privé confessionnel catholique reste un enseignement privé confessionnel et catholique. Il est l'artisan de l'œuvre prosélyte de l'Église dont il constitue un moyen privilégié d'atteindre les consciences ». Cela aussi fait partie du malentendu. Les parents ne sont pas préparés à cela. Ou plutôt, ils ne veulent pas le voir. « Voilà qui devrait faire réfléchir tous ceux qui croient qu'en mettant leurs enfants à l'école privée, ils ne font que les exempter des influences fantasmées des pauvres et des immigrés : ils les soumettent également à une influence religieuse », prévient le philosophe, professeur dans le public.

Il reste que l'obligation religieuse est un abus pratiqué par un certain nombre d'établissements. Car si « l'enseignement catholique ne peut pas renoncer à la liberté de proposer le message et d'exposer les valeurs de l'éducation chrétienne [...], il devrait être clair à tous qu'exposer et proposer n'équivaut pas à imposer ». C'est du moins ce qu'on peut lire en préambule des statuts de l'Enseignement catholique.

Si tous les établissements n'imposent pas, ils sont pourtant nombreux à rendre obligatoire cette « vingt-huitième heure » : « Une heure hebdomadaire de catéchèse obligatoire, des plus petits jusqu'à la prépa, est insérée dans l'emploi du temps » stipule ce grand établissement parisien, qui enfonce le clou dans son règlement : « Tout élève est tenu de respecter l'identité catholique de Saint-X et il est notamment rappelé que l'assistance au cours de formation chrétienne dispensé chaque semaine est obligatoire. Un manquement à ce respect serait incompatible avec le maintien dans l'établissement [...]. En outre, des initiatives religieuses sont prévues de façon appropriée à chaque niveau de classe et en fonction du calendrier liturgique. Des retraites, pèlerinages, récollections, adoration, missions d'évangélisation, vie de prière sont également proposés aux élèves par leurs aumôniers. »

Un autre établissement rappelle sur son site que sa « principale mission demeure l'annonce de l'Évangile à travers la vie scolaire et quotidienne. Le Christ, véritable éducateur, est au centre de la vie de l'école ». Et lui aussi impose : « Une catéchèse obligatoire pour toutes les classes est adaptée en fonction des niveaux et selon une cohérence d'ensemble. »

Ces établissements étant reconnus pour leur excellence académique, on serait tenté de conclure :

Si vous voulez intégrer l'X ou l'Ena, allez à la messe !

Après lecture d'un article sur l'enseignement privé, je tombe sur ce commentaire d'un certain Paul : « Pour ce qui concerne les écoles catholiques parisiennes, c'est peu dire qu'on a affaire à un modèle élitiste visant à perpétuer un entre-soi de bon aloi. Sélection à outrance, bourrage de crâne, formatage, on met nos chères têtes blondes dans le pipe le plus tôt possible. Car l'X, HEC ou Normale, ne nous y trompons pas, c'est au CP qu'on commence à y préparer nos petiots, voire en maternelle... Et dire que dans le tas, certains ne seront même pas capables de faire la même école que papa ! C'est bien la peine que papa et maman se soient saignés, aient fait semblant de croire en Dieu et aient foutu une pression pas possible sur leurs chérubins, quitte à en laisser un ou deux sur le carreau. Tout ça, c'est pour leur bonheur, non ? »

Quelques commentaires plus loin, je retrouve Paul : « Je constate seulement que parmi ceux que je connais (et que j'apprécie par ailleurs) et qui ont leurs rejetons à Saint-X par exemple, la plupart sont athées mais se sont quand même fendus de professions de foi pas piquées des vers pour arriver à obtenir le sésame. Ils s'y sont pliés pour les raisons évoquées plus haut. Religion et hypocrisie ayant toujours fait bon ménage, il n'y a pas eu de problème de part et d'autre. Ce que je voulais dire, c'est qu'à part une minorité de bigots, la plupart des parents mettent leurs enfants dans ce genre d'institution car c'est une sorte de prépa intégrée qui dure de la maternelle jusqu'à la vie adulte. C'est aussi l'espérance que les enfants rencontreront d'autres enfants comme eux et qu'ils auront les mêmes styles de vie. Sans parler de ceux qui n'ont pas supporté, j'en connais qui ont fait un "sans faute" dans ce parcours, qui ont fait exactement ce que papa et maman attendaient, mais qui se sont retrouvés un jour avec la vague impression d'être passés à côté de quelque chose. »

Mon fils est collé. Encore.

Les colles se déroulent soit le samedi à 8 heures du matin, soit le mercredi après-midi de 14 à 16 heures. Comme il n'y a pas de cantine le mercredi, mon fils se retrouve à errer pendant près de deux heures dans les rues avec un sandwich et une canette. Si encore les élèves collés pouvaient faire leurs devoirs pendant la retenue... Mais non. Le plus souvent, ils doivent s'adonner à une tâche aussi stupide que recopier deux fois le règlement du collège, ce qui, pour un élève dyslexique, revient à l'épuiser, le simple fait d'écrire pouvant se révéler une véritable souffrance physique. À son retour à la maison, il est déjà 17 heures et mon fils doit se mettre tout de suite à ses devoirs, lesquels sont toujours particulièrement nombreux ce jour-là, les professeurs considérant que les élèves disposent de leur après-midi libre – ce qui, vu la fréquence des colles, n'est pas évident, le mercredi finissant par être un jour de classe comme les autres. De retour de deux heures de copie imbécile, l'apprentissage est plus laborieux que jamais. Mon fils est complètement abruti, rien ne semble plus pouvoir pénétrer son cerveau, son travail est sale, il gomme, chiffonne, rature, recommence, fait tomber son stylo, le ramasse, fait tomber sa règle, la ramasse, n'avance pas, il s'énerve, je m'énerve, il pleure, je crie, l'heure tourne, on n'a toujours pas dîné, il faut faire couler le bain... On finit par laisser filer.

Ces mercredis-là, les devoirs bâclés faute de temps et le climat tendu de la fin de journée font comme une grosse pelote dans son estomac, le sommeil sera agité et le réveil difficile. Les leçons ne seront pas parfaitement sues. S'il est interrogé le lendemain, il aura une mauvaise note, et le soir, il rentrera avec au mieux une croix pour « travail non fait » ou « leçon non apprise », au pire une nouvelle colle. C'est le serpent qui se mord la queue. Comment, dans ces conditions, faire progresser un élève en difficulté ? Et la vie de famille, si chère aux catholiques ? commencé-je sérieusement à m'interroger. Il ne suffit pas d'un papa et d'une maman pour faire une famille, encore faut-il que parents et enfants puissent passer un peu de temps ensemble et parler d'autre chose que de devoirs, de croix, de colles et de notes.

Nous sommes le lundi 10 décembre, la retenue est prévue pour le surlendemain. La raison : « Travail non fait (*cf.* remarque du 6/12). » J'avais bien vu jeudi soir cette remarque de la professeure de mathématiques, à côté d'une énième croix dans le carnet de liaison. J'avais signé, un peu agacée lorsque mon fils m'avait dit que la professeure n'avait pas voulu le croire quand il lui avait expliqué avoir bien fait ses exercices, simplement il s'était trompé de cahier. Non que j'accorde un crédit particulier aux affirmations de mon enfant, seulement il se trouve que je l'avais vu faire ses exercices de maths, que j'avais contrôlés. Cette fois, il disait vrai. J'ai toujours du mal à admettre que, par principe, on considère que l'élève ment. Jamais on ne lui accorde le bénéfice du doute. J'avais signé, donc, et considérais que l'affaire en resterait là, d'autant que c'était la toute première fois que la chose se produisait. Que nenni. Une croix (soit deux points en moins sur cette fichue carte à points dont je n'ai toujours pas compris à quoi elle sert) ne suffisait pas. Selon l'usage du collège – aux petits oublis les grandes sanctions –, deux heures de retenue venaient donc de s'ajouter au retrait de ces points. Et ce, quarante-huit heures avant le jour J.

Mes échanges avec le conseiller d'éducation commencent à prendre un tour peu amène.

Moi : « Est-il normal que mon fils rentre ce soir avec une colle pour après-demain ? Les autres fois, c'était toujours avec davantage d'avance, on avait le temps de se retourner et de s'organiser. Là, il va falloir repousser au mercredi 19 une extraction dentaire assez urgente, et encore, s'il y a de la place. Et après, ce sont les vacances de Noël, donc pour une colle injustifiée (il avait bien fait ses exercices mais s'était trompé de cahier), on perd un mois de traitement d'orthodontie. L'enseignante avait déjà mis une croix, je ne pensais pas qu'il puisse y avoir deux sanctions pour un même fait... Bien à vous. »

Lui : « Bjr. Chaque enseignant est seul responsable des sanctions qu'il donne. Je ne peux donc rien faire. Il est toutefois temps que votre fils apprenne à faire son sac pour le lendemain. En ce qui concerne ses rendez-vous médicaux, pourquoi ne pas les mettre sur ses heures de tennis ? Ce serait moins risqué. »

Moi : « Je trouve tout cela tellement stupide et contre-productif... »

Je sens que nous n'allons bientôt plus pouvoir nous supporter.

J'ai attrapé mon téléphone et, la mort dans l'âme et l'exaspération à son maximum, j'ai appelé le dentiste afin de repousser au mercredi suivant l'extraction de la deuxième molaire mandibulaire gauche...

Parfois je sens, plus qu'une impatience, une espèce d'exaspération de la part de l'équipe enseignante. Comme si les professeurs, surveillants et conseiller d'éducation se trouvaient dépassés, ne sachant plus qu'inventer pour se faire respecter et obéir des élèves. C'est alors qu'ils frappent un grand coup, collant pour un rien, criant pour bien peu, s'agitant en tous sens pour remettre les enfants dans le droit chemin. Je sais, je comprends, que leur métier est difficile, fatigant, voire usant. Pourtant, ils ont de la chance. Outre qu'il est situé dans un quartier agréable, le collège est, comme l'on dit, « bien fréquenté », les élèves y sont relativement bien élevés, leur attitude reste correcte. Ce ne sont pas des voyous. Ils sont agités, bien sûr, quoi de plus normal à cet âge. Ce sont des adolescents, ils cherchent à défier l'autorité, tâtent un peu de l'insolence, mais tout cela reste dans des limites plutôt raisonnables. Pourquoi ai-je parfois l'impression qu'ils sont traités comme des délinquants en puissance ? Tous seraient menteurs, malhonnêtes, pervers, tricheurs, feignants, insolents. Alors on les mate. On en fait beaucoup. On en fait trop. Certains faits dérisoires semblent prendre une importance excessive, comme ce jour où l'on m'appelle : mon fils a fait « quelque chose de grave ». Je m'inquiète. En quelques secondes, je le vois fumer, pourquoi pas du shit, vider une canette de bière, pourquoi pas une bouteille de vodka, répondre avec violence à un professeur, pris en flagrant délit de vol ou de vandalisme. Qu'a-t-il donc fait ?

Voici les faits qui me sont narrés avec un sérieux papal.

Le conseiller d'éducation est entré dans la classe pendant un cours de français. Pendant qu'il s'exprimait, mon fils se serait mis à roucouler comme un pigeon, bientôt suivi par d'autres apprentis volatiles hilares. Pris sur le fait, il aurait invoqué pour sa défense un gratouillis de gorge.

Mon père, pardonnez-lui, il ne savait pas ce qu'il faisait.

J'ai eu envie de rire, je me suis retenue, j'ai senti qu'il n'y avait pas matière à rire, et je me suis hâtée de chasser de moi les mauvaises pensées.

Souvent, et un peu bêtement, mon fils compare le collège à une prison. Je crois que, ce jour-là, il a eu envie de s'envoler.

Mon fils s'est disputé avec des filles de sa classe. Tout a commencé au cours d'histoire. Sous le prétexte qu'elle ne voyait pas bien le tableau, une fille a assez brutalement fait dégager une camarade (laquelle, paraît-il, a peu d'amies) pour s'asseoir à sa place à côté de sa meilleure amie. Mon fils, qui peut parfois avoir une surprenante attitude à la Saint-Just, choqué, leur aurait dit que ce qu'elles venaient de faire était « dégueulasse », ce qui ne leur a naturellement pas plu. Puis est arrivé un garçon nommé Théo qui, comme assez souvent, était en retard. Dans ce cas, il montre sa tête par l'espèce de hublot qui permet de voir la classe de l'extérieur, et fait des grimaces. Les deux pestes, le voyant faire, se sont mises à se moquer méchamment, le traitant de « débile » et autres mots qui, pour ne pas être gros n'en étaient pas moins humiliants et méprisants. Théo n'est pas très populaire. Si mon fils est un peu mal élevé et indiscipliné, il n'est en revanche pas lâche et supporte difficilement que l'on soit blessant avec les plus faibles. Aussi, quand il a entendu les deux filles ricaner et traiter son camarade de débile, il a vu rouge et les a aussi net traitées de « salopes » et autres noms d'oiselles sûrement fort bien choisis. Auxquels elles ont répondu en lui envoyant, sur le ton réservé aux pires horreurs, un « tête d'œuf ! » bien senti. Au début du cours suivant – cours de français –, elles sont aussitôt allées trouver Mme Salami pour lui rapporter les propos injurieux de mon fils, lequel s'est vu convoqué par la professeure avec les demoiselles à la récréation. Lorsqu'il a tenté de se justifier en expliquant le contexte, elle l'a arrêté, jugeant que les mots épouvantables qu'il avait lancés à l'adresse de ces deux malheureuses ne pouvaient souffrir aucune explication. Elle a alors demandé aux « victimes » de rédiger une lettre dans laquelle elles reproduiraient « le plus fidèlement possible » les insultes dont mon fils se serait rendu coupable. Lettre qu'elles lui remettraient au cours du lendemain. Et alors, menaça-t-elle, il passerait « un sale quart d'heure ».

Une fois de plus, mon fils s'était retrouvé en position d'accusé sans avoir eu le droit de se défendre. Si l'on ne peut excuser – quoique – le mot « salope », surtout dans l'enceinte d'un collège catholique où l'on peut proférer les pires vacheries à condition d'utiliser un vocabulaire châtié, que dire du fait de réclamer à des élèves ce qu'il faut bien appeler une lettre de délation ?

Je sais qui sont ces deux élèves. Ce sont deux gamines bien élevées, impeccablement vêtues et tirées à quatre épingles et qui vont à la messe tous les dimanches. L'une affiche son catholicisme sur Facebook et étale ses photos de camps scouts. Aucun gros mot ne doit jamais franchir le seuil de leurs appartements bourgeois. Quand leurs mères apprendront qu'elles se sont fait traiter de salopes, elles vont pousser des cris d'orfraie, peut-être même qu'il faudra aller chercher les sels. Pour ma part, si mon fils a mal parlé, je considère qu'il a bien agi. Au fond, je suis plutôt fière de lui. Il est du bon côté, du côté de ceux qui résistent, et ce n'est pas pour me déplaire.

L'élève a toujours tort, le maître a toujours raison. Telle est la règle. L'équipe enseignante est dans la toute-puissance. On ne discute pas. Quand je dis « on », je ne pense pas qu'aux enfants. On, c'est également nous, les parents. Chaque appel, chaque message de l'établissement me replace dans la position de l'élève qui a fait une bêtise ou n'a pas appris sa leçon. L'impression qu'une autorité me remet à ma place. Bien sûr, les parents ne doivent pas contester l'autorité du maître. J'ai pourtant parfois le sentiment qu'il y a abus d'autorité. L'enseignant, comme le surveillant, juge en fonction de ce qu'il voit, peu importe que l'apparence soit ou non le reflet de la réalité. Et il est inutile de chercher à lui ouvrir les yeux, ils sont bandés.

Au début de l'année, le collège avait laissé un message sur le téléphone portable de mon mari : notre fils et son ami Alexandre avaient fait « quelque chose de très grave ». Aux dires de la dame de l'accueil, qui l'avait raconté à un surveillant, lequel l'avait rapporté au conseiller principal d'éducation, ils auraient « agressé » un autre élève. Les quelques coups portés n'auraient pas été bien méchants et l'élève agressé n'a eu ni vertiges, ni hématomes, ni blessures. On était visiblement loin de ce qui avait souvent cours à l'école primaire du quartier et dont mon fils avait lui-même un jour fait les frais, violemment frappé à la tête par un gamin de sa classe. Il s'était retrouvé à terre, voyant mille chandelles, avait eu un moment de vertige et était rentré avec un énorme cocard. Rien de tel apparemment dans le cas présent.

Aussitôt convoqués par le CPE, les deux garçons avaient écopé de deux heures de colle, à des dates différentes, comme on le ferait pour deux prisonniers que l'on souhaite empêcher de communiquer. Et les histoires de bagarre étant traditionnellement des affaires d'hommes, ce n'était pas moi que l'on avait appelée cette fois-ci, mais le père de mon fils. Autant dire qu'il avait reçu une belle volée de bois vert.

Pourtant, dans cette histoire, une chose me gêne. Mon fils et son ami n'ont pas eu leur mot à dire. Ils n'ont pas été autorisés à se défendre en livrant leur version des faits. Cette « condamnation » s'est appuyée sur des faits relayés par deux intermédiaires.

Interrogé le soir à la maison, mon fils avait été sommé de s'expliquer. Il avait bien entendu minimisé les faits et expliqué « l'agression » de ce garçon par des raisons qui, si elles ne justifiaient pas que l'on tape sur un camarade, étaient dignes d'être au moins entendues. Encore une fois, je ne jugerai pas, je n'étais pas avec eux dans la cour et mon fils avait eu trois quarts d'heure de bus pour concocter une version plus audible par ses parents que l'originale.

Je lui avais alors posé la question : les avait-on convoqués tous les trois afin d'avoir la version de chacun ? Non.

Pas même la victime. Seule la parole de la personne de l'accueil comptait.

Sans nier la gravité des faits, je ne peux pour autant approuver la manière dont tout cela s'est réglé. Dans un esprit d'équité, chacune des parties aurait dû être entendue. Après seulement, une sanction pouvait être décidée. Elle n'en aurait été que plus juste.

Sur un site biblique, je trouve cet extrait du Livre : « L'Esprit du Seigneur est sans cesse avec lui, l'Esprit qui donne sagesse et discernement, l'Esprit qui fait connaître le Seigneur et enseigne à l'honorer. Il ne jugera pas selon les apparences, il ne décidera rien d'après des racontars. » (Isaïe, 11, 1-9) Et aussi : « Utilisez des balances justes, des poids justes et des mesures justes. » (Lévitique, 19, 36)

Pour moi, plus que tout autre, un établissement catholique se doit d'être un modèle de justice. Manifestement, l'Esprit du Seigneur avait déserté ce jour-là.

Si son esprit me semble de plus en plus souvent en vadrouille, il reste que le Seigneur et la « bonne » parole de ses sbires ont toujours bon dos chez les cathos. En son nom, ils décident de tout et n'importe quoi, édictent des règlements absurdes, refusent le monde qui va, enferment les idées à double tour et interdisent à tout-va.

Je m'amuse à faire un petit tour des règlements intérieurs de plusieurs établissements parisiens réputés. Entre autres interdits, figurent un certain nombre d'« objets non autorisés dans l'enceinte du collège » : aux côtés des « cutters, armes ou imitations d'armes », on découvre que le bon Dieu rejette les mangas, le Tipp-Ex (!?) et le chewing-gum. Les élèves sont avertis que « le cas échéant, leur détention fera l'objet d'une confiscation jusqu'à la fin de l'année scolaire et de mesures disciplinaires ».

Hormis cette haine du Tipp-Ex, le bon Dieu, que la mixité dérange, préfère que garçons et filles gardent leurs distances et n'aiment pas trop leurs prochains comme eux-mêmes. Il est bien stipulé que tout « comportement de "petit couple" entre élèves » est proscrit.

Sur le plan vestimentaire, Jésus a des idées bien arrêtées : « Pour les garçons, chemise ou chemisette rentrée dans le pantalon, ou polo à col ; pour les filles, pantalon, jupe ou robe de longueur décente, et les épaules doivent être couvertes. » Un autre établissement est encore plus directif : « Nous ne voulons pas que les élèves soient habillés tout en noir [...]. Pour les garçons, nous n'acceptons pas les surchemises, les pantalons fins (type slim), les tee-shirts, sweat-shirts et sweat à capuche. Nous leur demandons de porter une chemise avec col ou un polo avec col. Les chaussures doivent être des chaussures de ville, celles de sport, en toile ou type Converse, en caoutchouc ou en plastique, n'étant pas acceptées [...]. Nous demandons aux jeunes filles qu'elles soient attachées à leur féminité dans leur tenue vestimentaire, avec une tenue discrète qui ne soit pas courte. Nous voulons qu'elles portent des vêtements féminins, ce qui exclut les pantalons masculins, ceux à poches sur les côtés, les sweats à capuche, les chaussures de sport ou assimilées, elles doivent elles aussi porter des chaussures de ville, Converse ou Bensimon non autorisées. Nous ne voulons pas qu'elles portent des tee-shirts à motif, trop décolletés ou fluides, des hauts à bretelles fines ou trop courts. » On ne sait jamais, le Seigneur pourrait avoir la main baladeuse. Bien sûr, vernis à ongles et maquillage sont absolument interdits. Quant aux cheveux, « pour les garçons ils doivent être courts, coupe dégradée dans le cou et autour des oreilles, et pour les jeunes filles les cheveux longs doivent être attachés obligatoirement ».

Tout cela est tellement absurde que l'on serait en droit d'espérer une certaine tolérance de la part des éducateurs.

Mais comme le disait un vieux professeur de latin de ma grand-mère, « la tolérance, il y a des maisons pour ça ».

À force d'enseigner que l'Église est un monde à part, que ses fidèles sont des élus, ils ont fini par y croire. Ils ne comprennent plus le monde réel. Ils vivent dans un univers figé. Il existe pourtant des catholiques utiles qui s'investissent, qui avancent avec leur temps. Ceux-là vont dans des organisations humanitaires, des hôpitaux, des prisons. Ils vont là où les choses bougent au fil des jours, où l'on n'a pas peur du monde tel qu'il se vit, comme dans le collège de mon fils où les tableaux numériques et les MacBook Pro d'aujourd'hui côtoient les idées et les principes d'hier.

Demain a lieu la remise officielle des bulletins du premier trimestre. Il va falloir aller rechercher le blazer bleu marine acheté il y a trois ans pour un mariage familial. Les enfants ont été avertis, il leur est demandé de venir à l'école ce jour-là « en tenue élégante » afin de « recevoir » Madame la directrice dans la classe. Les garçons enfilent un pantalon propre, une chemise, un pull en V et une veste. Certains vont jusqu'à la cravate. Les filles sont en robe. Ce matin, Mme Salami, en sa qualité de professeure principale de la classe, a prévenu les jeunes filles : « Et ne venez pas habillées comme des péripatéticiennes. Ne vous maquillez pas comme des voitures volées. Ne vous hissez pas sur des talons de cinquante-huit centimètres. Et comme vos cheveux doivent être attachés, je lance le concours du plus beau chignon ! »

En fait, même si la cérémonie se veut solennelle et quelque peu intimidante, telle une remise de diplôme, il ne s'agit pas vraiment d'une « remise ». L'élève ne repart avec aucun papier. Siégeant à côté de la professeure principale, la directrice commence par appeler un à un les élèves ayant une « récompense », à savoir, pour les meilleurs (à partir de 15 de moyenne générale), les « félicitations », puis, à partir de 13, les « compliments » et enfin, à partir de 10, les « encouragements ». Un élève ayant fourni de gros efforts de travail et dont la moyenne a progressé tout au long du trimestre ne se verra cependant accorder aucune récompense s'il n'a pas eu également un comportement irréprochable. Autant dire que mon fils ne sera jamais appelé dans les premiers.

Sont ensuite appelés ceux qui ont des sanctions, lesquelles consistent en un « avertissement de travail » ou « avertissement de comportement » inscrit en lettres majuscules au-dessous de l'appréciation générale. Un par un, tête basse, ils défilent sur l'estrade afin d'entendre les remontrances de la directrice. Comme pour le premier groupe, leurs moyennes sont annoncées haut et fort devant tout le monde. Eux aussi se sont faits beaux.

Puis la directrice quitte la classe, ses fiches sous le bras, pour se rendre dans la classe suivante. Ceux qui ne sont ni récompensés ni « avertis » vont alors trouver la professeure principale pour connaître leur moyenne.

Aucun bulletin n'est remis aux élèves. Ils seront adressés par la poste à leurs parents le premier jour des vacances. Comme chaque trimestre, les notes au-dessous de la moyenne, nourries de reproches, apparaîtront en gras, écrasant les plus maigres, celles conquises de haute lutte et dont l'élève est si fier.

Où sont-ils, la bonté, l'amour du Christ, la tolérance, quand la moindre erreur est sanctionnée ? Bien sûr que ces sanctions à tout-va ne sont pas l'apanage de l'enseignement catholique. Je suppose que, à Paris, des collèges comme Henri-IV, Janson-de-Sailly, Victor-Duruy ou Louis-le-Grand ne sont pas en reste pour ce qui est d'une application stricte de la discipline, d'annotations sévères dans le bulletin scolaire, d'avertissements, colles et autres punitions tant pour manquements au règlement que pour mauvais résultats scolaires. Mais il s'agit d'établissements ouvertement élitistes. On y met ses enfants en parfaite connaissance de cause, le deal est cash, on ne vous bassine pas avec la « compréhension », le « suivi personnalisé », l'« encouragement de l'élève », l'« aide aux enfants en difficulté » et j'en passe. Lorsque vous signez avec ces établissements de prestige, on ne vous fait nulle belle promesse autre que celle de mener la vie dure à des élèves plutôt doués, férus de compétition et visant l'excellence.

Je crois qu'avant de prendre pour argent comptant leurs belles paroles et leur joli site, j'aurais dû me rappeler ces familles de ma connaissance, pour certaines même assez proches de la mienne, qui fréquentent assidûment les églises le dimanche matin, votent bleu, voire bleu marine, et inscrivent leurs rejetons dans des rallyes dès qu'ils sont sortis des couches, où ils iront rejoindre leurs clones pour apprendre à danser le rock et à jouer au bridge dans des deux cents mètres carrés. Les mères, au foyer bien sûr, font le catéchisme et fleurissent la paroisse. À sept ans, leurs enfants vont aux scouts, à quinze, ils vont au Frat[1] et à dix-huit, ils marchent en chantant jusqu'à Chartres. Par ma naissance, j'appartiens à ce milieu. Et si je m'en suis éloignée, c'est précisément pour cela : je ne supportais plus cette hypocrisie, cette intolérance, ces œillères qui réduisent leur champ de vision dans tous les domaines. Je ne supportais plus de les entendre prêcher l'amour du Christ en coulant un regard dégoûté sur les SDF de la rue et les mendiants du métro. Je ne supportais plus leurs tenues strictes ou ringardes, leurs jupes droites et leurs carrés de soie, la réflexion de l'une n'en revenant pas que mon fils de sept ans se rende à un anniversaire avec des baskets aux pieds, la remarque de l'autre, inculte et incapable d'aligner dix mots sans une faute d'orthographe, effarée par le langage de charretier de mon fils. Peu m'importe que l'on soit grossier tant qu'on n'est pas vulgaire. Mon fils dit des gros mots, c'est vrai, mais il est fin, vif, créatif. Il n'est pas un petit singe savant que l'on exhibe dans un salon, il ne sait pas ce que tout enfant instruit doit savoir, son langage est atypique, son orthographe fantaisiste, ses goûts éclectiques et parfois

1. Le Frat (abréviation de « Fraternel ») est un pèlerinage annuel animé par les évêques d'Île-de-France rassemblant les jeunes chrétiens de la région parisienne.

surprenants. Il est beaucoup plus intéressant que tous ces petits mioches Cyrillus des beaux quartiers, qui communient chaque dimanche les mains jointes et récitent leur *Notre-Père* les paumes tournées vers le ciel.

Alors, que le conseiller principal d'éducation m'ait envoyé un message ce matin m'informant que mon fils « pour info, a le plus mauvais score sur sa carte à point [sans s] de sa classe », eh bien, je m'en fiche.

À la fin de la semaine prochaine, ce sont les vacances. Plus que quelques jours à tenir. Tablant sur le fait que la dernière semaine est en général plus détendue, surtout dans l'enseignement catholique où l'on est supposé se préparer à Noël dans la joie et le recueillement, nous avons prévu de longue date de passer le dernier week-end avant les vacances, en famille, à Strasbourg. Je voulais renouer avec la magie des Noëls de mon enfance, lorsque la ville entière se parait de lumières, de guirlandes et de paillettes. Chaque année, Paris est un peu plus triste. Les vitrines s'illuminent bien de quelques boules blanches et bougies, les trottoirs accueillent des sapins souvent chétifs et mal décorés, mais l'ensemble n'appelle pas à la fête. Strasbourg en décembre est un conte de fées. Chaque balcon est orné avec goût, ce ne sont qu'illuminations et musique. Les rues et la place de la Cathédrale sentent le vin chaud et le pain d'épices, les gens sont joyeux. À Strasbourg, c'est Noël pour de vrai. Je voulais que mon fils voie cela au moins une fois, que ses yeux se remplissent d'étoiles avant qu'il ait trop grandi.

Le premier trimestre est terminé, le conseil de classe s'est réuni la semaine dernière, l'arrêt des notes a eu lieu le 1er décembre. Depuis, il y a encore eu des interrogations écrites et orales en anglais, français et espagnol, mais a priori, aucun contrôle ni devoir sur table n'est plus annoncé après l'ultime interro d'histoire demain. Je jette comme chaque soir un œil sur le cahier de textes en ligne et je m'effondre avec mes rêves de week-end féerique : lundi, évaluation sur les séances 1 et 2 en physique-chimie ; mardi, devoir sur table sur la séquence 2 en espagnol. Les notes compteront pour le deuxième trimestre qui vient officiellement de débuter.

Le trimestre a été long, les jours sont courts, la température est tombée au-dessous de zéro. Les enfants se sont relâchés, ils sont à la fois épuisés et excités, dans leur tête, ils sont déjà un peu en vacances, les listes de cadeaux ont remplacé celles des verbes irréguliers et des formules de chimie.

Soit. Nous travaillerons donc dans le train. Il n'y a pas de trêve de Noël chez les cathos.

Pas de trêve, disais-je. Ce matin, il s'est passé beaucoup de choses. D'abord, il y a eu la « remise » des bulletins. Petite nouveauté par rapport à l'année passée, chaque élève, récompense, avertissement ou rien, a été appelé par la directrice. Vantant l'énergie de mon fils, elle lui a suggéré de placer davantage cette vivacité au service de son travail et moins à celui de ses amusements. Le toisant, Mme Salami a pour sa part déploré qu'il ait omis de se mettre sur son trente et un, goûtant visiblement fort peu qu'il se soit « mis sur son trente-six ». Comprenne qui pourra, ce doit être une expression très locale, ou de l'humour... Oui, c'est vrai, hier soir, tout occupés à apprendre les définitions pour l'interrogation écrite d'histoire, nous en avons oublié de chercher le blazer bleu marine. De toute façon, vu comme mon fils a poussé ces derniers mois, il doit être trop juste.

Puis, pour la dernière heure de la matinée, on a donné aux enfants le choix entre aller en cours ou se rendre à la messe, célébrée par le prêtre de la paroisse dans l'église voisine à laquelle est rattaché le collège. Sur les trente-trois élèves que compte la classe, trente et un, dont mon fils, ont éprouvé un soudain besoin de recueillement.

Enfin, juste avant le déjeuner, le CPE a fait venir mon fils dans son bureau.

Ce doit être à peu près à ce moment-là que j'ai découvert au courrier, avec un peu d'avance, le fameux bulletin. Je suis contente, l'ensemble est assez correct. Il a la moyenne générale et se trouve même au-dessus de la moyenne de la classe en mathématiques et en espagnol. Plusieurs professeurs ont noté des efforts récompensés par des progrès, sans omettre, bien sûr, d'évoquer les problèmes de concentration et les bavardages. Tout de même, je trouve que, pour un élève qui avait été invité à redoubler, il s'en sort bien. Peut-être le CPE a-t-il l'intention de le féliciter ?

Mais où ai-je donc la tête ? Bien sûr que non, il ne va pas le féliciter. Les résultats scolaires, les efforts de travail, tout cela est secondaire. Le plus important n'est pas là. Le plus important, ce pour quoi le CPE souhaite lui parler, c'est qu'il n'a presque plus de points sur sa « carte à points ». Trop d'oublis de matériel, trop de bavardages, beaucoup de croix à un point, quelques croix à deux points et, au final, plus que trois points. Mon Dieu. Le pire score de toute la classe. Alors, face à cela, les progrès, les bonnes notes, ça ne pèse pas bien lourd, on ne lui en parle même pas. Au lieu de quoi, on lui annonce le prix de ses croix : deux heures de colle, mercredi prochain, l'avant-veille des vacances.

Joyeux Noël...

Finalement, il avait bien fait de mettre son vieux jean.

Chaque vidéo dure à peine une minute trente. Le son est inaudible, une espèce de brouhaha ponctué de cris stridents, de hurlements de bêtes fauves, de chutes de pupitres et de chaises, quelques notes de guitare écorchée, et des élèves juchés sur les tables, brandissant en se dandinant des téléphones portables sur l'écran desquels défile en grésillant le clip de *Gangnam Style*, vu plus d'un milliard de fois, du chanteur sud-coréen Psy. Au milieu de ce chaos de supposée fin du monde – nous sommes le 21 décembre 2012 –, la professeure de sciences de la vie et de la terre invite les plus timides à se lâcher et à rejoindre la cohorte de ce qui m'apparaît, sur l'écran brouillé du téléphone mobile de mon fils, comme une nuée de pantins désarticulés et déchaînés.

Je n'en reviens pas. Dans ce temple de l'ordre, de la discipline et du recueillement, alors que tous les autres professeurs ont fermement affiché leur intention de travailler jusqu'au dernier jour, se démarquant à nouveau des autres membres de l'équipe – qu'elle a rejointe cette année et dont elle se distingue déjà, plutôt intelligemment et avec succès, par les méthodes d'apprentissage –, cette enseignante encourage le chahut et le bruit. Drôle de carnaval où les masques tombent, les rôles s'inversent, les instincts se débrident, les langues se délient et les cheveux se libèrent. Avec elle, c'est une petite révolution qui s'opère, et chez les cathos, il n'est pas de bon ton d'être du côté des rebelles. Combien de temps la cohabitation pourra-t-elle tenir ?

Pourquoi faut-il que la professeure la plus sympathique, rieuse, drôle, généreuse, compréhensive, soit la seule non-catholique de l'établissement ? Mme Pietra est protestante. Elle a la religion joyeuse, la voix qui chante ; quand elle rit, on entend du gospel.

Vite, il a fallu ranger. Remettre la classe en l'état dans lequel tout autre professeur aimerait la trouver en entrant. Redresser les pupitres, replacer les chaises, ramasser les objets qui ont atterri sur le sol, éteindre les portables, les ranger dans les sacs. Les filles rattachent à la hâte leurs cheveux. Mme Salami entre dans la salle en jetant un œil réprobateur autour d'elle.

« Je vous préviens qu'avec moi, ça ne se passera pas comme ça. Sortez vos livres et vos cahiers. Jusqu'au dernier jour, jusqu'à la veille des grandes vacances d'été, nous travaillerons, et dans le silence. »

Je crois pourtant que la professeure de SVT a tout compris. Apprendre en s'amusant, tel est son credo. Et ça marche. Les élèves l'adorent. Elle les fait rire. Ils l'écoutent et la respectent. Elle ne donne jamais de travail à la maison ; en contrepartie, ils doivent être attentifs en cours : chaque séance s'achève par une interrogation écrite. Avec elle, mon fils a toujours la moyenne. Au dernier contrôle, il a progressé. À la fin du cours, elle l'a appelé, a pris son carnet de liaison, l'a ouvert aux pages

« Mérite ou progrès ». Et là, sur la page toujours vierge, toute lisse et sentant encore le neuf, elle a mis une croix. À côté, elle a écrit : « De gros progrès dans le travail, excellente participation ! Bravo ! » À ce moment-là, je crois que, pour elle, mon fils aurait appris par cœur tout le manuel de sciences de la vie et de la terre. À défaut, le lendemain matin, il s'est levé très tôt, a tenu à partir avec un quart d'heure d'avance, et, arrivé à proximité du collège, avec ses petites économies, il est allé lui acheter une boîte de chocolats.

Lorsque le dernier jeudi avant les vacances, premier jour de relevé des croix du deuxième trimestre qui commence, Mme Salami a fait le compte dans le carnet de mon fils, elle n'a pas eu un mot au sujet de ce petit miracle. Elle a juste écrit : « 2e trimestre : 20 pts – 2 = 18 + 2 = 20 pts. » Puis, sans un regard, elle est passée au suivant.

Mme Salami est une bonne catholique pratiquante. Elle prêche la bonté, l'altruisme, la compréhension de l'autre, l'acceptation de la différence et toutes ces choses avec lesquelles des abbés frustrés et des mères de famille aigries nous bassinent depuis le catéchisme. Que ne donne-t-elle l'exemple. En début d'année, un membre de l'équipe enseignante m'avait prévenue : il ne faudrait pas que Mme Salami prenne mon fils « en grippe », parce que là, ce serait fini. Quand elle ne supporte plus un élève, il n'y a plus rien à faire ni à dire. Elle ne lui passe rien, elle est redoutable. Belle incarnation de charité chrétienne.

Mon fils me dit qu'elle parle tout le temps du bon Dieu. En cours de français – tout de même un peu plus de cinq heures par semaine, soit quatre jours sur cinq –, entre deux épisodes de sa vie personnelle qu'elle se plaît à raconter à ces trente-trois pré-ados qui n'en ont pas grand-chose à faire, elle place l'amour du Christ, évoquant « notre Seigneur », « mon Jésus », « notre bon Dieu ». S'il restait un semblant de foi, même très vague et lointaine, chez mon fils, Mme Salami l'a définitivement chassé.

Quinze jours de vacances. Quinze jours à pouvoir traîner au lit le matin, sortir le soir et rentrer tard, s'abandonner un peu à la paresse, réapprendre à ne rien faire, à se détendre, à rêvasser. Laisser livres et cahiers reposer au fond des tiroirs et la trousse au fond du cartable, moisir les croix punitives et les reproches entre les pages du carnet de liaison. Oublier les devoirs, les cris le soir quand il n'en peut plus de tant de devoirs, les cris le matin quand il n'en peut plus du manque de sommeil. Lire pour son plaisir, faire des jeux de société, feuilleter des magazines, boire du Coca, manger du Nutella et de la crème de marrons. Vivre, profiter, respirer, marcher, parler, sans autre but que retrouver le plaisir d'être ensemble.

Est-ce par trop de stress accumulé, trop de tensions ? Sont-ce les nuits trop courtes de ces derniers mois ? Est-ce d'avoir trop crié, trop pleuré, trop lutté pour tenir, tenir jusqu'aux vacances ? Nous avons tous été malades. Comme si nous en avions trop dit, trop entendu, que nous ne voulions plus rien sentir ni voir, nos gorges ont pris feu, nos yeux ont rougi et coulé, nos nez se sont bouchés, nos tympans se sont enflammés. Nous avons passé le soir de Noël au lit avec un bouillon. Seul notre fils aîné a été épargné, le plus calme d'entre nous, et le moins concerné par l'éducation de son frère.

La fin des vacances n'en fut pas vraiment une. De retour à Paris, encore un peu flagada, il fallut bien faire les devoirs. S'y remettre, rouvrir les tiroirs et le cartable. Parce que, des devoirs à rendre sur feuille, des leçons à apprendre, des contrôles à préparer, il y en avait, bien sûr. Et pas qu'un peu. Dès le lundi matin, un devoir sur table est prévu en physique-chimie. Et ce alors que le professeur n'a pas rendu le contrôle qu'ils ont eu lors du dernier cours précédant les vacances. Sur le bulletin de notes en ligne, nous découvrons la note, 7 sur 20. Moyenne de la classe 9 sur 20. La méthode m'échappe. Aucune correction n'ayant encore été proposée, comment peut-on espérer un meilleur résultat au prochain devoir ? Nous ne sommes pas à Henri-IV, nous sommes dans un collège de niveau moyen, dont le prétendu souci est la progression de chacun et la confiance en soi. Je ne comprends pas. Pour le même jour, une rédaction est à rendre en espagnol, et il est également demandé de « conjuguer et apprendre les verbes *despertar(se)*, *levantar(se)*, *vestirse*, *lavarse*, *cepillarse*, *despedirse* et *acostarse* ». En mathématiques, il faut apprendre la leçon, reprendre les démonstrations vues en cours et faire les exercices des pages 34 et 37. Un devoir sur table est prévu en français le mardi matin après la messe de l'Épiphanie, jour pour lequel il faut également avoir étudié le texte de Zola page 80 et appris la « synthèse sur le héros » ; un devoir maison sur *La Cage de fer* d'Alexandre Dumas est à remettre le mardi suivant.

Enfin, qu'ils n'oublient pas de lire *Les Misérables* afin d'être prêts pour le contrôle de lecture qui aura lieu le 23 janvier.

Pas de doute, quatre jours avant la rentrée, les vacances sont déjà finies. Avec un peu d'avance, le temps scolaire a repris son cours. Il fait gris, Paris est encore bien vide. Dans l'appartement, à nouveau, la tension est palpable. Le soir, à nouveau, mon fils a mal au ventre et peine à s'endormir, il a remis le tube de granules homéopathiques sur la cheminée à côté de son lit. Je ne lui dis pas que moi aussi, et que j'ai ressorti la petite boîte verte du tiroir de ma table de nuit.

Et moi qui avais pensé qu'une fois les devoirs terminés, nous aurions pu aller au cinéma pour un ultime moment de détente familiale... Après les formules de chimie, les théorèmes de maths, les phrases simples, complexes, non verbales, les propositions indépendantes, principales, juxtaposées, coordonnées, subordonnées relatives, subordonnées conjonctives complétives et circonstancielles, les expansions du nom, les interrogatives directes et indirectes, les verbes espagnols à diphtongues et à affaiblissement, je crains que nous n'ayons plus beaucoup de temps pour nous.

À la veille de la coupure de Noël, on pouvait lire sur le site du collège :

« Noël !
Joie sur la Terre et Paix aux hommes !
Un regard vers la venue du Christ en notre monde !
Un temps de repos en famille ou entre amis...
Bonnes vacances ! »

Peut-être était-ce de l'humour ?

En ce jour de rentrée de janvier, je viens d'aller sur le site du collège et là, surprise : pour la nouvelle année, le site a subi une sacrée métamorphose. Tout a changé, du moins pour ce qui est de la forme. Sur le fond, pour le moment, on n'y comprend pas grand-chose, beaucoup de rubriques semblent encore en construction, il ne se passe rien lorsqu'on clique dessus. Mais sur la forme, ils ont opéré un véritable relooking. À l'ouverture de la page, des espèces de rectangles colorés font la bascule. Au terme d'une première galipette, s'inscrivent les mots *« une école, un collège »*. La deuxième bascule aboutit à une sorte de triptyque représentant ce que j'imagine être des saints – les trois têtes, dont deux barbues, sont cernées d'une auréole de lumière – sur lequel apparaît la suite : *« ancré dans les valeurs catholiques »*. J'en conclus que seul le collège est concerné puisque « ancré » est au singulier. L'école primaire doit être plus débridée.

Sur le nouveau site, il y a un mot signé de l'aumônier. Sous le titre *« Le cœur de l'école, c'est le Christ »*, il explique que, plutôt que de *« mettre la personne au centre et de tenter de la perfectionner »*, il est préférable de

« choisir de mettre le Christ au centre de notre vie. En faisant cela, le Christ lui-même donne un sens à notre personne en devenir. Le principe de la vie devient une source à laquelle la personne peut boire. L'origine du mouvement de vie et de savoir est dans l'infini et vient éduquer et former notre personne. C'est ainsi que nous concevons l'éducation et la formation de vos enfants. Pour mettre cela en œuvre, les professeurs et les éducateurs choisissent à leur façon de servir la vérité, la beauté et la bonté. Nous espérons ainsi aider les parents à la croissance de leur enfant en participant à son éducation, sa formation et son accompagnement vers le devenir de leur personne ».

« Les professeurs et les éducateurs choisissent à leur façon de servir la vérité, la beauté et la bonté. » Si mon fils ainsi que notre vie de famille ne faisaient pas les frais de tout ça, je crois que j'éclaterais de rire.

Aujourd'hui, Mme Salami a rendu les rédactions. Le sujet était : « Dans votre famille, votre entourage proche, qui est votre modèle, votre "héros" ? Décrivez-le en une vingtaine de lignes. » J'avais un peu aidé, bien sûr... C'est plus fort que moi... et puis je n'avais pas envie qu'on y passe la nuit, car il y avait, comme toujours, une tonne d'autres devoirs pour le lendemain.

Mon fils avait d'abord mis une bonne demi-heure pour trouver un « héros » parmi ses proches. Il avait finalement choisi de glorifier son père. Il est vrai qu'ils se ressemblent assez, tous les deux. Son père, c'est mon fils avec trente-cinq ans de plus et de la réussite partout, vie sportive, vie de famille et vie professionnelle. Pourtant, quand il était petit, on n'aurait pas vraiment misé sur le petit dernier. Paresseux, écolier puis collégien et lycéen médiocre, dyslexique et dysorthographique, agité, insupportable et asticotant, il était, selon l'humeur du jour, menacé d'être mis à l'asile ou, dans le meilleur des cas, de terminer balayeur, quand on ne lui désignait pas « le ravi du village » en prédisant qu'il prendrait sa suite. Il avait donc rédigé ses vingt lignes, expliquant, avec une certaine fraîcheur, qu'étant assez proche de son père au même âge, il espérait connaître la même réussite dans sa vie d'adulte.

Nous avons eu onze sur vingt. À la fin du devoir, dont elle avait souligné la dernière phrase « J'espère être comme lui quand je serai adulte », Mme Salami avait – gentiment ? – commenté : « Je vous le souhaite de tout mon cœur. »

Pourquoi, alors, quand elle le lui a rendu, devant toute la classe, elle a ajouté : « Vous écrivez vouloir ressembler à votre père plus tard, eh bien laissez-moi vous dire que, vu ce que vous êtes, c'est bien mal barré ! »

Lu sur un site biblique : « Notre tendance naturelle est de voir les gens à la lumière de leurs échecs du passé ou de leurs défaites présentes plutôt qu'à la lumière du travail glorieux entrepris par Dieu dans leur vie. Ceci dénote une vision bornée. Dieu s'est engagé à faire une œuvre merveilleuse dans la vie de tous les croyants et nous ne devons pas en douter. »

Ça devait arriver. Mon fils s'est fait confisquer son téléphone portable. Alors, bien sûr, à treize ans, il n'est pas obligé d'avoir un portable, tant pis pour lui, ce n'est jamais qu'un problème d'enfant gâté. Je suis d'accord. Autrefois, on n'avait pas de téléphone portable et on s'en passait très bien. Autrefois, on n'avait pas non plus d'électricité, pas d'eau chaude, pas de téléphone filaire. Mais voilà, la société d'aujourd'hui n'a pas grand-chose à voir avec celle d'autrefois. Aujourd'hui, tous les gamins ou presque ont un téléphone portable, et pas seulement dans les milieux aisés. À cet âge, c'est vrai, mon fils aîné n'avait pas de portable. Mais il n'avait que la rue à traverser pour aller au collège. Il n'avait pas près d'une heure de trajet pour rentrer le soir, l'hiver, à la nuit. Et pour dire la vérité, ce portable, au départ, ce n'est pas lui qui l'a réclamé, non. C'est nous qui avons souhaité qu'il en ait un, pour nous rassurer, qu'il puisse nous prévenir en cas de problème. Et c'était arrivé. Oh, rien de bien grave, mais ce jour-là, le portable avait évité un affolement de son côté et une inquiétude du nôtre. Il était en sixième, il n'avait encore jamais pris le métro tout seul et, à dire vrai, je n'y tenais pas : pour rentrer de l'école à la maison, il lui aurait fallu changer deux fois, puis prendre le RER, ce qui ne m'emballait pas. Il rentrait donc en bus, d'où un trajet très long. La première fois que le bus s'était trouvé bloqué par une manifestation et que le chauffeur avait annoncé « tout le monde descend, je ne peux pas continuer », il s'était retrouvé complètement perdu. Il m'avait appelée, je l'avais guidé, puis j'étais allée le récupérer au point de rendez-vous dont nous étions convenus. La chose s'était reproduite plusieurs fois. Le téléphone m'avait également permis de le prévenir lorsque j'avais moi-même un souci qui modifiait notre organisation. La vie était plus simple, ou plutôt moins compliquée. Et puis, étant de nature anxieuse et mon fils ayant le goût des bêtises, le fait de pouvoir « connaître sa position » au moindre retard me sécurise. Tout ça pour dire que cette affaire de portable confisqué m'a contrariée.

Il avait juste voulu voir l'heure... C'est ce qu'il avait expliqué à la professeure qui, bien sûr, s'en fichait éperdument. Ce n'était pas complètement impossible, il n'a pas de montre et à la maison, il regarde toujours l'heure sur son téléphone. La nuit, il le laisse sur sa table de chevet pour voir l'heure lorsqu'il se réveille. Ce n'est donc pas complètement impossible. Mais qu'il m'enfume n'est pas non plus complètement impossible, peut-être l'utilisait-il à d'autres fins, moins avouables. Quoi qu'il en soit, les portables sont interdits pendant les cours, même s'ils ne sonnent pas et même si l'on ne s'en sert pas. Ils ne doivent tout simplement pas être visibles. C'est le règlement, comme, je pense, dans une majorité de collèges. Il n'avait donc pas respecté le règlement, était en faute et il était normal qu'il « paye ».

Ce que je trouve regrettable, c'est que le collège ne prenne pas la peine d'appeler les parents pour prévenir que leur enfant n'est plus joignable et ne peut plus appeler. Cela éviterait des moments d'angoisse inutiles, que l'on passe à se ronger les sangs parce qu'il aurait dû appeler depuis déjà une demi-heure, qu'il n'appelle pas, ne répond pas aux textos et que, lorsqu'on compose son numéro, l'imaginant déjà au poste de police ou aux prises avec des racketteurs, on tombe invariablement sur sa messagerie. Cela nous épargnerait ces moments d'agacement, comme aujourd'hui, où il devait me retrouver chez l'orthodontiste à 16 h 30, ce qu'il a très certainement oublié car j'ai omis de le lui rappeler ce matin, qu'il est bientôt 17 heures et qu'il n'est toujours pas là.

Quatre jours après la confiscation, nous n'avons toujours pas été informés officiellement de la chose : aucun appel, aucun mot dans le carnet de liaison, rien. Et personne n'a dit à mon fils quand ni où il pourrait récupérer son téléphone. Il a posé deux fois la question. À la troisième tentative, on lui a répondu que s'il le demandait encore une fois, le portable serait confisqué jusqu'à la fin juin. En attendant, le temps passe, les heures défilent. Je commence à envisager l'achat d'une nouvelle carte SIM pour mon ancien portable, un vieux Nokia dont je ne me sers plus mais qui fonctionne encore. Ça pourrait faire l'affaire. Si je vais chez SFR et leur explique la situation, est-ce qu'ils me feront une ristourne ?

À table, les conversations ont pris un nouveau tour. Mon fils, qui d'ordinaire ne suit que l'actualité se rapportant au sport en général et au foot en particulier, semble depuis quelque temps manifester un intérêt grandissant pour l'instruction civique et les textes débattus à l'Assemblée. Le voici qui s'est découvert un nouveau cheval de bataille : la future loi sur le mariage pour tous.

Le mariage gay, il est contre, bien sûr. Archi contre. Vraiment, Hollande, c'est n'importe quoi. Et puis les couples homosexuels vont pouvoir avoir des enfants, vous vous rendez compte ! Que des garçons aiment des garçons, bon, passe encore, mais qu'ils se marient et élèvent des enfants, ça, non ! Parce que vous verrez, là ils ne parlent que de mariage, mais l'adoption des enfants et la GPA, on y va tout droit ! Mon Dieu, d'où sort-il ces phrases toutes faites ? Sait-il seulement de quoi il parle ?

Fort de sa colère toute neuve, il est remonté comme une pendule. Moi je m'interroge : qui est l'horloger ?

Apparemment, les professeurs ne se risquent pas à aborder la question. Aucune influence ne semble venir de ce côté-là. Alors ? D'après ce qu'il nous dit, à l'école,

« ils » – comprendre : ses camarades – sont tous d'accord. « On est tous contre ! » martèle-t-il.

Autant lorsqu'il s'agit de sport, il a ses idées bien affirmées, autant quand on aborde des sujets plus « politiques », ses convictions ne sont pas encore bien solides. Telle une éponge, il absorbe tout ce qu'il recueille dans son environnement immédiat et se retrouve parfois imbibé de drôles d'idées.

Pour un peu, il irait manifester ce samedi avec sa banderole rose, rejoignant ses oncles et tantes qui, avec leurs amis coulés dans le même moule, ont affrété un car pour aller battre le pavé de la capitale et s'opposer, au nom de la « morale » et de la « nature », au bonheur de quelques-uns.

Quinze jours plus tard, dans le camp opposé et au grand dam de mon fils, son frère aîné et sa petite amie défileront main dans la main de Denfert-Rochereau à la Bastille sous un soleil timide.

Nous sommes mardi 12 février, il est 17 h 30. La deuxième réunion parents professeurs vient tout juste de commencer. Je n'y suis pas. Je n'ai pas le droit d'y aller.

Le 23 janvier dernier, mon fils m'avait bien remis la feuille de rendez-vous en me précisant qu'il aimerait que je voie, entre autres, les professeurs d'histoire et de mathématiques. Histoire parce qu'il a un peu progressé, et mathématiques parce que c'est dans cette matière qu'il réussit le mieux, avec une moyenne qui a frôlé 15 en début de trimestre. Sur le formulaire à remplir, il était écrit : « Afin de gérer au mieux l'organisation des rendez-vous, veuillez compléter la page ci-contre et la faire parvenir au Professeur Principal pour le mercredi 30 janvier ; au-delà, nous ne garantissons pas les possibilités de rendez-vous. » J'ai hésité plusieurs jours : devais-je, ou non, rencontrer la professeure de français ? J'ai laissé la feuille en attente sur mon bureau, laquelle s'est rapidement retrouvée engloutie dans un joyeux bordel de factures, manuscrits, feuilles de Sécurité sociale et avis d'imposition. Quand je l'ai ressortie de mon fatras, il était trop tard, nous étions le 31 au soir. J'ai finalement écrit « Français » dans la dernière case vierge, puis je l'ai glissée dans le carnet de liaison.

Le lendemain soir, le verdict est tombé. Mme Salami avait refusé de prendre la feuille que lui tendait mon fils. « Trop tard ! » avait-elle tempêté – jubilé ? Pourtant, il était bien écrit « au-delà, nous ne garantissons pas les possibilités de rendez-vous », nulle part il n'était question de retoquer les parents retardataires. Je pourrais aller plaider ma cause chez la directrice. Je pourrais... Je suis fatiguée, toutes ces petites brimades m'usent. Je décide de me taire.

L'année de sixième, je me souviens d'avoir rendu cette fichue feuille avec une semaine de retard. C'était passé comme une lettre à la poste et j'avais obtenu les quatre rendez-vous demandés.

Oh, et puis au fond, quelle importance ? Ces réunions ne servent pas à grand-chose, finalement. Aujourd'hui il fait froid, il pleut, je ne suis pas fâchée de ne pas devoir courir à l'autre bout de Paris pour quatre fois cinq minutes.

Ce soir de février, mon fils me rapporte deux feuilles à remplir. L'une est la « fiche navette » sur laquelle les parents doivent formuler leurs souhaits pour l'année prochaine : redoublement en classe de quatrième ou passage en troisième. Je coche « troisième », je date et je signe.

La seconde feuille, à en-tête du collège, concerne la réinscription, ou non, dans l'établissement pour la rentrée 2013. Sans réfléchir, je coche « Je choisis de ne pas réinscrire mon enfant », avec un drôle de soulagement, un peu comme si je venais de scier les barreaux de ma cellule après une longue détention.

L'autre option ne me semble juste pas envisageable. Je sais que le responsable des troisièmes est M. Perrin. Je sais aussi que Mme Salami sévira encore puisqu'elle a fait savoir qu'elle s'accordait une année supplémentaire avant la retraite. Je ne peux prendre un tel risque. Refaire une année dans ces conditions reviendrait à un suicide pour notre vie de famille déjà malmenée, à commencer par celle de notre couple qui a bien de la peine à résister à l'épuisement, au manque de sommeil, aux soirées gâchées, aux cris et aux pleurs.

Je ne sais pas ce que nous allons faire. Je ne sais pas encore où sera mon fils à la rentrée prochaine. Je sais simplement que eux et nous, c'est terminé.

Cet après-midi, mon fils était collé. Jusque-là, la routine. Je ne cherche même plus à savoir pourquoi. Il y a eu dans la même matinée une histoire d'exercices oubliés – et hop !, deux heures – et une fatidique troisième croix pour bavardage en espagnol – et rehop !, re-deux heures. Fataliste, je m'arrange simplement désormais pour que les rendez-vous d'orthodontiste soient toujours fixés après 17 heures.

Lorsqu'il arrive à la maison, il semble au bord de l'implosion. Il jette rageusement son sac dans l'entrée et me rejoint dans la cuisine où il entreprend de me raconter comment, pendant les deux heures qu'a duré sa colle, il a écopé de deux nouvelles retenues de deux heures, soit quatre heures au total. Ce doit être grave.

Cet après-midi, donc, ayant terminé dès la fin de la première heure le travail donné par la professeure d'espagnol, il s'était trouvé bien désœuvré. Il avait commencé à crayonner sur une feuille. Le gribouillis pas encore achevé a été intercepté par le surveillant qui a écarquillé des yeux effarés, brandissant le dessin face aux autres désœuvrés dont il avait la garde, lesquels ont tous explosé de rire. Il s'agissait, comme le noterait le surveillant dans le carnet de liaison, d'un « sexe M ». Mon fils m'a montré l'objet du délit et je dois bien admettre que ça ressemblait bigrement à une bite surmontée de deux boules, quoique l'instrument fasse plutôt penser à un triangle isocèle à angles très aigus qu'à un sexe charnu. Normalement, ses représentations sont beaucoup plus proches de la réalité... Pour sa défense, il a soutenu avoir eu l'intention de dessiner une voiture... Sur la feuille, le surveillant a d'ailleurs écrit : « Pour info, je cite : "Ceci est une voiture." »

Mon fils est un filou ; jusqu'au bout, même pris le doigt dans le pot de confiture, il cherchera à embobiner son contradicteur. Une voiture, donc... Je regarde le dessin, pensive. Et peu à peu, le doute m'assaille. Et s'il disait vrai ? Si, réellement, il avait commencé de dessiner une voiture ? Car à bien y regarder, la forme qui surmonte les « roues » évoque plutôt une carrosserie qu'un bas-ventre... Alors ? Si c'était le surveillant qui avait l'esprit mal tourné ?

Et quand bien même ce serait « un sexe M », où est le mal ? Il n'a offensé personne. Le sexe est-il donc encore une saleté, une cochonnerie, une honte ? À quel siècle vivons-nous ? Quel garçon de cet âge ne s'est-il jamais amusé à ce genre de chose ? Sans compter que les élèves de quatrième ont plusieurs fois reproduit des croquis des organes génitaux masculins et féminins dans leurs cahiers de SVT – certains parents, choqués, s'en seraient plaints auprès de la professeure... Quoi qu'il en soit, quatre heures de colle pour avoir gribouillé ce dont on n'est même pas certain qu'il s'agisse bien de *ça*, le châtiment me semble excessif, pour ne pas dire stupide.

Invitée à signer le dessin, je me suis exécutée, et j'ai même fait davantage. Au-dessus de ma signature, j'ai collé le croquis que m'a fait mon fils pour m'expliquer à quoi était supposée aboutir son œuvre une fois achevée : quatre voitures en est, ouest, nord et sud, reliées deux à deux par une sorte de triangle étroit. Considérée d'une certaine manière, les voitures devaient alors donner l'impression de tourner. « C'est ce qu'on appelle un effet d'optique », avait-il conclu doctement. J'ai tracé une flèche en direction dudit croquis, puis j'ai écrit quelques lignes :

« Il m'est arrivé plusieurs fois de retrouver ce genre de dessin dans la chambre de mon fils. Je conçois que vous puissiez y avoir "vu" autre chose... Bien sûr, il arrive également à mon fils de dessiner cette chose, mais dans ce dernier cas, croyez-moi, le dessin est beaucoup plus ressemblant. »

Et tout bien considéré, je ne peux m'empêcher d'éprouver de la pitié envers ce malheureux surveillant qui, voyant ces deux cercles minables surplombant ce qui ressemble à une stalactite, a cru reconnaître les attributs de son sexe.

Mon fils n'est pas un grand ami de Théo. Cependant, je l'ai déjà dit avec l'affaire de la « lettre de dénonciation », il n'aime pas que l'on s'attaque à ce garçon fragile. Ce soir, il est rentré choqué.

C'était le jour de récitation de *Melancholia*, le poème de Victor Hugo. Trente-quatre vers étaient à apprendre avec un camarade. Ils pouvaient s'organiser comme ils le souhaitaient : réciter chacun son tour, les dix-sept premiers vers pour l'un, les dix-sept derniers pour l'autre ; ils pouvaient aussi alterner en disant l'un trois ou quatre vers, puis l'autre trois ou quatre, et ainsi de suite jusqu'à la fin du texte. Lorsque le tour de Théo est arrivé, il a annoncé qu'il réciterait les trente-quatre vers seul. N'avait-il donc pas travaillé avec un camarade ? s'enquit Mme Salami, tout miel. Non, il n'avait trouvé personne dans la classe pour réciter avec lui. Tout le monde, elle comprise, sait que Théo n'a pas vraiment d'amis. Mme Salami aurait pu alors désigner un autre élève auquel elle aurait demandé de dire la première ou la seconde moitié. Mais non. Elle a pris une voix geignarde : « Oh, le pauvre petit Théo, il n'a pas d'amis... Oh comme c'est triste... Eh bien, vous allez réciter tout seul. Allez, je vous écoute. »

Mme Salami n'est plus qu'à quelques mois de la retraite. Comme tout le monde, elle a dû entendre la nouvelle à la radio : Benoît XVI vient d'annoncer son renoncement au trône de saint Pierre pour le 28 février à 20 heures. Elle qui semble marcher main dans la main avec le bon Dieu, que ne s'inspire-t-elle de Son plus proche serviteur ?

Mon fils vient de m'annoncer une chose étrange. Lui et une quinzaine d'autres élèves vont être invités, un par un, à comparaître devant une espèce de tribunal, lequel devra débattre du sort à leur réserver pour l'année prochaine : passage en troisième ou redoublement en quatrième. Nous ne sommes pourtant que le 22 février, mais s'ils peuvent décourager les enfants en difficulté tout de suite, pourquoi attendre le troisième trimestre ?

Le tribunal comptera trois magistrats : Mme Salami, en tant que professeure principale, M. Demange, le professeur de physique, et le conseiller principal d'éducation. Autant dire que, concernant mon fils, cet aréopage réjouissant instruira à charge.

Pour l'heure, nous n'en savons pas davantage.

Mon fils est en chute libre. Ce deuxième trimestre, si bien amorcé sur le plan des résultats scolaires, s'achève dans le rouge. Depuis deux semaines, sur le bulletin en ligne, le gras s'accumule, avalant le maigre. Bientôt, on ne le verra même plus. Les colles se succèdent. En quinze jours, ce ne sont pas moins de... vingt-deux heures de retenue qui lui ont été infligées ! Les notes n'en finissent plus de baisser. À la maison, c'est de pire en pire. Sa nervosité est palpable. Sa jambe gauche est désormais agitée de soubresauts incessants, dans sa chambre, je ne compte plus les cadavres mêlés de stylos, cartouches, peluches, les entailles dans le mur, les taches sur les draps et le parquet, les rayures sur le bureau. Par tous les moyens dont il dispose, il hurle à l'injustice.

Pouvons-nous laisser la situation se dégrader ainsi sans intervenir, sans comprendre ? Une fois la chute amorcée, jusqu'où peut-il descendre ? Il semble pris dans une spirale infernale, car c'est bien en enfer qu'il paraît vivre à présent, passant d'un cercle à l'autre sans que rien n'arrête sa dégringolade, pas la plus petite branche à laquelle se raccrocher.

J'appelle le secrétariat et demande un rendez-vous d'urgence avec la directrice. On nous propose le dernier soir du dernier jour de classe avant les vacances de mars.

Nous sommes à l'heure. Elle, non. Une famille au complet se trouve encore dans son bureau, que l'on aperçoit par la baie vitrée. Nous attendons, sagement assis dans le hall. Lorsque le bureau se libère, elle raccompagne la famille à la porte, puis vient échanger quelques mots dans le hall avec l'homme de ménage, après nous avoir lancé un regard bref, et retourne dans son bureau. Nous a-t-elle vus ? s'inquiète mon mari. Bien sûr qu'elle nous a vus. Enfin, elle vient nous chercher. Nous échangeons les politesses d'usage et en venons à l'objet de notre entretien : notre fils. Notre fils qui va mal, dont les notes semblent avoir chuté avec son moral et même ses yeux, désormais le plus souvent tournés vers le sol, la tête de plus en plus enfoncée dans les épaules.

Nous évoquons avec prudence les difficultés de ces dernières semaines. Elle coupe court à nos explications : « Ah ça, plus personne ne peut le supporter. » Cela a le mérite d'être clair. Il n'empêche, c'est brutal. À l'en croire, il n'écoute rien ni personne, ne prend plus ses cours, s'amuse en classe, dessine, fait le pitre et, le comble, il n'a pas peur d'elle, la directrice austère et pète-sec du collège. Cela, surtout, semble beaucoup l'atteindre. Elle nous cite en exemple les autres élèves qui, tous, lorsqu'ils sont envoyés dans son bureau, rasent les murs et restent collés à la porte, attendant en tremblant que soit prononcée la sentence. Lui, très à l'aise, jamais à court d'arguments pour sa défense, entre d'un pas ferme et, quel toupet, s'assoit dans le fauteuil face à elle, comme d'égal à égale. Insupportable. Le père de mon fils tente une ouverture : « C'est vrai, nous en convenons, il est souvent dans l'opposition, ce n'est pas un enfant facile... Mais pour un professeur, ces enfants... compliqués ne sont-ils pas, justement, intéressants car...

– Non monsieur, là je vous arrête tout de suite. Les professeurs ont en charge des classes de trente-quatre élèves, ils ne peuvent pas s'intéresser à un enfant qui ne veut pas travailler ! »

Il travaillait pourtant, avant. Que s'est-il passé à la fin du mois de janvier pour qu'il ait ainsi baissé les bras ? Pour qu'il ait à ce point changé ?

La question n'est pas là. La question ne l'intéresse pas.

Je suis tout de même étonnée par ce « plus personne ne le supporte ». Cela semble vrai de la professeure principale et du CPE, mais jamais mon fils n'a évoqué de problèmes avec les professeurs d'anglais, de maths et de SVT, et les choses ont même l'air de s'être arrangées avec le redoutable M. Perrin. Alors ?

Je suis également surprise d'entendre qu'il « dessine tout le temps » et « ne prend plus aucun cours ». Je contrôle régulièrement ses cahiers, or il n'y a qu'en français que j'ai noté ce problème. Les autres cahiers sont à jour et à peu près bien tenus. Et le seul dessin dont j'ai entendu parler est celui de la fameuse voiture esquissée pendant la colle d'espagnol...

Quant au nombre effarant d'heures de retenue, elle admet, du bout des lèvres mais tout de même, que « cela n'a pas de sens ».

Ce sera la seule concession qu'elle fera pendant l'heure et demie que durera notre entretien. Ça, et une moue dubitative lorsque nous lui montrerons le « sexe M ».

Elle admet enfin, mais ne condamne pas, qu'il arrive en effet que Mme Salami prenne certains élèves en grippe.

Mais le moment le plus délicat fut celui où il fut question du « contrat » à établir entre nous, parents, l'école et notre fils. Et plus particulièrement des termes précis de ce contrat, des engagements à y faire figurer.

Lorsque la directrice a évoqué cette possibilité, je n'ai pas été surprise. Je savais que de plus en plus de collèges et lycées mettaient en place ce qu'ils appellent des « contrats de motivation », « contrats de confiance » ou « contrats individuels » qui engagent et responsabilisent les élèves en difficulté. Outre qu'ils permettent de restaurer un climat de confiance entre un élève et l'école, ils le valorisent, mettant en avant chaque progrès réalisé.

L'idée d'un tel contrat m'avait d'ailleurs effleurée avant ce rendez-vous. Je me disais que ce serait peut-être la solution pour que mon fils se sente à la fois encadré et reconnu, qu'il sente que, enfin, on fait attention à lui, qu'il existe. Aussi, quand la directrice l'a évoqué, j'ai aussitôt approuvé. Il s'agit de faire une fiche par matière, avec une colonne par engagement, dans laquelle chaque professeur, à la fin de l'heure de cours, inscrira – ou non – une croix si l'engagement a été respecté par l'élève. Et c'est là qu'elle a eu ces mots qui ont révolté mon mari : « Bon, on ne va pas lui demander de notes à atteindre, hein... », sous-entendant que, de toute façon, notre fils est un incapable, que lui fixer un objectif de résultat scolaire serait trop demander pour un enfant de ce niveau. Mon mari a réagi très vivement. Notre fils a eu 11 de moyenne générale au premier trimestre et, au bulletin intermédiaire de fin janvier, ses moyennes étaient supérieures à celles de la classe dans cinq matières sur sept, atteignant même un très honorable quinze sur vingt en mathématiques ! J'ai ouvert le dossier vert dans lequel j'avais glissé quelques précieuses cartouches au cas où, et avancé le bulletin en question sur son bureau. Elle l'a à peine regardé, préférant afficher les toutes dernières notes sur son ordinateur, lesquelles ne faisaient que refléter l'effondrement des dernières semaines, et nous assener un « C'est catastrophique ! », égrenant chaque note au-dessous de la moyenne.

L'entretien s'est terminé plus cordialement. Après quelques piteuses et vaines tentatives d'expression de nos étonnements et incompréhensions, nous avions fini par adopter un profil bas. Malgré une tension toujours palpable, l'électricité s'est dissipée, d'autant que nous étions d'accord sur le principe du contrat, lequel, nous assura-t-elle, serait mis en place dès le mercredi de la rentrée. Durant les vacances, notre fils est invité à choisir un « professeur référent » avec lequel, chaque mercredi, il fera le point sur ses difficultés, ses progrès et le respect des engagements pris.

Avant de prendre congé, alors que la nuit tombait et que nous n'en pouvions plus d'être assis dans ce bureau, la directrice, finalement très bavarde, a passé un bon quart d'heure à nous parler de sa fille Alexandrine, tellement intelligente, tellement douée, qui avait bien failli faire sauter le labo de chimie en terminale mais peu importait puisqu'elle était tellement brillante qu'il n'y eut pas de conséquences sur la suite de ses études, l'incident n'avait pas été porté à son dossier et elle avait, merci mon Dieu, obtenu la plus prestigieuse fac de médecine où, bien sûr, elle était devenue la meilleure.

Nous, on s'en fichait pas mal de sa fille. On avait seulement envie de rentrer à la maison où, vaguement inquiet de ce qui se serait dit de lui ce soir, notre fils nous attendait avec ses difficultés, son un et demi sur vingt à la dernière interrogation de chimie, ses doutes et ses angoisses.

L'école vient de reprendre après quinze jours de repos parisiens. Mon fils a profité de la parenthèse pour rattraper ses courtes nuits de sommeil par de belles grasses matinées. Il a fait un peu de sport, vu des amis, nous sommes allés au cinéma et au restaurant. Nous avons bien sûr profité de cette pause pour évoquer avec lui le contrat qui allait le lier au collège et l'aider à terminer l'année. L'idée lui a tout de suite plu. Loin de considérer la chose comme une sanction, il l'a ressentie comme un privilège, un soutien, une chance ultime qu'on lui accordait. Et savoir qu'il ferait chaque semaine le bilan de ses progrès avec un professeur qui ne serait pas là pour l'enfoncer mais pour l'assister et l'encourager lui redonnait confiance. Pour le choix de son « référent », il n'avait pas hésité une seconde : ce serait soit Mme Siméon, l'exceptionnelle professeure de français de l'année passée, soit Mme Pietra, la professeure déjantée de sciences de la vie et de la terre. Comme convenu lors de notre entretien, j'adressai un mail à la directrice pour l'informer du choix de mon fils.

Enfin, il avait fallu faire les devoirs, toujours particulièrement nombreux en ces périodes de « repos ». Il a lu, avec un certain plaisir, *Les Dix Petits Nègres* d'Agatha Christie et, traînant et renâclant, le bref *Jeannot et Colin* de Voltaire, les deux ouvrages à connaître pour la rentrée. Un grand contrôle de grammaire était prévu, dont la révision a pris un temps fou et mis nos nerfs à rude épreuve. En anglais, un devoir sur table était annoncé pour le vendredi, du coup on était passés un peu rapidement sur la leçon du lundi, on réviserait plus sérieusement pour la fin de semaine.

Dès le dernier week-end, la boule dans le ventre était revenue et, avec la dernière nuit, l'insomnie.

Lorsque mon fils rentre vers 18 heures, il a déjà retrouvé sa mine des mauvais jours. À 9 h 10, la professeure d'anglais leur a fait une interrogation écrite. Le résultat, catastrophique, est déjà affiché sur École directe. 4 sur 20. Je sais, je ne devrais pas, mais je ne peux m'empêcher de penser qu'une interro surprise dès le jour de la rentrée, et ce alors qu'un contrôle est prévu quatre jours plus tard sur la même leçon, c'est vache.

Nous sommes le mercredi 27 mars, l'école a repris depuis trois jours et ce soir, mon fils devrait rentrer avec son contrat et la fiche d'engagements qu'il devra remettre au professeur à l'issue de chaque cours. La directrice nous avait en effet annoncé sa mise en place effective dès le premier mercredi de la rentrée, mise en place qu'elle m'avait confirmée par mail le 15 mars :

> *« Bonsoir, Madame,*
> *Comme nous l'avions évoqué lors de notre entretien, je recevrai T., avec son professeur principal, en début de semaine. Nous pourrons alors mettre en place le contrat et statuer sur les modalités pratiques de celui-ci, l'essentiel est que T. prenne bien conscience de ce qu'il peut faire pour progresser non pas tant en termes de notes mais en attention et concentration en cours.*
> *Nous verrons avec Mme Salami s'il est possible pour T. de faire des photocopies de cours pris par ses camarades mais cela implique, s'il ne note pas, qu'il soit doublement attentif, cela va de soi.*
> *En espérant que T. prenne bien la mesure de ce qui lui est demandé et de l'attention qui lui est consacrée et qu'ainsi vous soyez rassurée.*
> *Cordialement. »*

Me voici en effet rassurée. Tout devrait donc se mettre en place très vite. Quant à la possibilité de polycopiés pour les cours de français, c'est une nouvelle aussi excellente qu'inattendue. Une petite brise de changement soufflerait-elle enfin sur le collège ?

Dans tout ça, cela fait un moment que nous ne sommes pas allés chez le coiffeur, ni mon fils ni moi. La fatigue et la tension nerveuse aidant, j'ai l'air d'un épouvantail. Pas lui, pourtant Mme Salami, ce matin, en a perdu son vocabulaire châtié : « Bah alors, monsieur M., votre coiffeur, il est en taule ? »

L'histoire du « tribunal » n'a pas eu de suite. À quoi rimait cette menace de mise en scène, avec l'élève dans le rôle de l'accusé ? Était-elle juste destinée à faire peur ? À semer un peu plus de doutes et d'angoisses chez quelques gamins déjà fracassés ? Mon fils avait-il mal compris ? Nous ne saurons jamais.

Nous sommes le jeudi 4 avril. Trois fois, mon fils est allé frapper à la porte de la directrice pour savoir où en était son contrat. Cela fait maintenant trois semaines que l'école a repris et toujours rien. Hier, la directrice lui a assuré que les choses étaient « en route ». Mme Siméon acceptait d'être son professeur référent. C'est vrai, elle en convient, la mise en place du contrat a pris du retard, mais c'est qu'elle a beaucoup d'autres affaires à traiter, les conseils de classe du deuxième trimestre, les appréciations à porter sur les bulletins, des parents à recevoir... du travail, beaucoup de travail...

Mon fils ne peut que se montrer très compréhensif et compatir. Lui aussi, il a parfois beaucoup de travail, trop de travail...

Le lendemain, j'envoie un mail à la directrice.

« Bonsoir Madame,
Mon fils me dit que les choses ont pris un peu de retard mais que son professeur principal l'a assuré de la mise en place prochaine de son contrat. Je crois que, curieusement, il a

hâte. Il semble en demande d'objectifs précis, à court terme, afin, s'il parvient à les satisfaire, de voir chaque effort reconnu. »

Réponse deux heures plus tard.

« Bonsoir Madame,
Effectivement le contrat a pris un peu de retard, mais il arrive bien vite, les objectifs étant fixés, et c'est Mme Siméon qui sera son professeur tuteur.
En espérant vous avoir rassurée.
Cordialement. »

Mon fils, contre toute attente, s'impatiente. Nous le lui avons annoncé, il attend. Je crois qu'il a envie de nous montrer ce dont il est capable. Surtout, il appréhende cela comme une nouveauté dans son quotidien, et il a toujours aimé la nouveauté. Il n'a jamais aimé les situations figées. Avec lui, il faut toujours que les choses bougent. Sinon, il se lasse, s'ennuie, perd toute motivation. Est-ce un manque de maturité ?

Quoi qu'il en soit, si la directrice ne m'a cette fois rassurée qu'à moitié, le père de mon fils, lui, ne voit dans ce dernier mail que de belles paroles destinées à nous endormir. Pour lui, le contrat tant attendu ne verra jamais le jour. Je proteste mollement, la directrice s'est engagée... Il n'en démord pas. « Tu verras. »

Un mail tombé à l'instant dans ma boîte annonce la bonne nouvelle à mon fils : « Cher ami, nous avons l'immense plaisir de vous informer qu'à l'issue du stage auquel vous avez participé avec succès, nous retenons votre candidature en qualité de ramasseur de balles. Vous trouverez en pièce jointe le dossier Roland Garros à remplir et à nous renvoyer le plus rapidement possible. D'ores et déjà, nous vous demandons de faire le nécessaire auprès de votre établissement scolaire pour vos absences pendant cette manifestation. »

Lorsque je réceptionne ce mail, je suis dans la salle d'attente du dentiste. Mon fils est en train de se faire extraire deux prémolaires. Je vais aussitôt le lui annoncer alors qu'il est allongé sur le fauteuil, une serviette en papier autour du cou, la bouche grande ouverte. Sa joie ne peut éclater autrement qu'avec des grands « Aaah ? » et « Aaaah ! », mais je vois bien toutes les étoiles dans ses yeux écarquillés et c'est bon.

C'était son rêve. Vivre trois semaines durant dans l'enceinte de Roland Garros, approcher au plus près ses idoles, l'occasion de se faire plein de copains parmi les deux cent trente-neuf autres ramasseurs, tous licenciés de la Fédération française de tennis et avec lesquels il partage une passion pour ce sport. Il reste que ce n'est pas gagné pour autant : pour concrétiser son rêve, il lui reste encore une étape à franchir et non des moindres : obtenir l'accord de la directrice du collège.

J'attends quelques jours avant d'adresser un mail à Christine Angot, dans l'espoir d'une mise en route du contrat de mon fils et des premiers efforts attestés. Puis, ne voyant rien venir, je me lance, en y mettant les formes afin d'optimiser nos chances de réussite. Ça donne ça :

> *« Bonsoir Madame,*
> *Cette fois, il ne s'agit ni du contrat de T., ni de changer la date d'une heure de retenue. Non, il s'agit de quelque chose d'heureux, enfin... T. est sélectionné pour être ramasseur de balles à Roland Garros. Un projet qu'il n'était pas parvenu à concrétiser l'année passée, il avait été éliminé à l'issue du deuxième barrage. Il avait admis ne pas avoir été suffisamment sérieux et appliqué, et avait décidé de changer d'attitude cette année. Sa réussite lui aura donc au moins appris une chose : quand on est sérieux, discipliné et attentif, on est récompensé.*
> *Malheureusement, cela implique une longue absence du collège puisque les ramasseurs seront tenus d'être au stade du lundi 20 mai au dimanche 9 juin... Il est cependant précisé par les organisateurs que les élèves peuvent se faire envoyer leurs cours sur place par fax ou par mail.*
> *Je pense malgré tout que cette expérience, exigeant le respect d'une discipline quasi militaire et une grande concentration, ne peut qu'être très bénéfique pour T., aussi n'avons-nous cessé de l'encourager dans son effort.*
> *Il est cependant entendu que ce projet doit recevoir votre approbation.*

Aussi, si vous souhaitez que nous nous rencontrions, nous nous tenons à votre entière disposition.
Bien cordialement. »

Et j'ai le plaisir de lire, très peu de temps après, ceci :

« *Bonsoir Madame,*
Juste un tout petit mot rapide.
Bravo à T.
Oui, a priori je suis d'accord.
Demain matin j'essaie de prendre T. sur l'heure de KT pour son contrat et ce sujet.
Je vous recontacte le plus rapidement possible.
Bonne soirée. »

Je me dis que, finalement, il demeure quelques points positifs dans le fonctionnement de cet établissement. La directrice n'est pas sourde à toute notion de plaisir, et si les quelques efforts de mon fils sur les plans scolaire et de l'attitude au sein du collège ne sont pas vraiment reconnus, ceux accomplis à l'extérieur se voient récompensés.

Le père de mon fils ne voit pas les choses tout à fait de la même manière. Pour lui, l'absence de notre fils pendant trois semaines est une aubaine pour les professeurs, lesquels se sont totalement désintéressés de cet élève trop peu malléable et qui marche trop souvent en dehors des clous.

Le lendemain, mon fils est rentré tout sourire. « J'ai croisé la directrice dans la cour, elle m'a félicité et m'a dit que mardi, elle me prendrait un moment après le caté pour en parler et aussi pour me remettre mon contrat. »

Ce soir-là, il a fait consciencieusement ses devoirs, a pris son bain sans que j'aie besoin de le lui demander dix fois et le dîner s'est déroulé sans incident.

Je me doutais bien que la professeure de sciences de la vie et de la terre n'allait pas s'en sortir comme ça. La révolte gronde, les parents sont de plus en plus nombreux à manifester leur mécontentement, appuyés par une majorité de professeurs qui regardent de travers la trublionne. Alors, aujourd'hui, dans la classe, elle s'est livrée à une espèce de *mea culpa*. C'est qu'elle s'est bien fait remonter les bretelles, la jolie prof venue d'ailleurs. Trop laxiste, trop rieuse, trop sympa avec les élèves. Il faut que cela change, qu'elle rentre dans le moule cathostrict. Elle a annoncé à sa classe qu'à partir de maintenant, elle ne serait plus la même. Elle va devenir sévère, exigeante, intransigeante. Elle ne leur fera plus de cadeau. Elle ne plaisantera plus. Elle a un rang à tenir.

Enfin, elle a expliqué à ses élèves que l'éducation sexuelle, c'était fini. Qu'elle risquait de perdre sa place. Qu'on lui a dit que ces cours sur la sexualité étaient non seulement inutiles, mais malvenus. Qu'allait-elle donc mettre dans la tête de ces pauvres enfants innocents ? Se rendait-elle bien compte de ce qu'elle faisait ? « Ce n'est pas de sexualité que vous devez leur parler, s'est-on emporté. C'est de fidélité. »

Depuis quand la fidélité relève-t-elle des sciences naturelles ?

Le mardi soir, je demande à mon fils des nouvelles de son petit entretien avec la directrice.

« Rien. Elle n'avait pas le temps. Elle m'a juste dit que pour Roland Garros, elle ne pouvait pas refuser. C'est tout. »

Je le sens déçu. Je sens aussi qu'il n'y croit plus. Il sent que, au fond, on se fiche pas mal de lui, de ses efforts comme de ses échecs, de sa présence comme de ses absences. L'année prochaine, ils savent qu'il ne sera plus là, il ne risquera pas de faire baisser le taux de réussite de l'établissement au brevet des collèges. Ce contrat, il ne l'aura jamais. Il en avait envie, pourtant. Je crois qu'il en attendait beaucoup. Trop, peut-être.

Il se sent abandonné, et nous aussi.

Courant avril. Je ne veux pas lâcher l'affaire et reviens donc à la charge.

« Bonjour, Madame,
Veuillez me pardonner de revenir à nouveau vers vous, mais je m'inquiète. T., qui attendait beaucoup du contrat qui devait être établi à la rentrée des vacances de mars, me dit qu'il attend toujours, que pour l'instant, rien ne semble se mettre en place... Je me permets d'insister auprès de vous sur la nécessité de ce contrat qui devrait aider T., en lui fixant des objectifs à court terme et réalisables, à reprendre confiance. Je m'inquiète d'autant plus que T. est en train de complètement s'effondrer sur le plan scolaire et qu'il ne va vraiment pas bien non plus psychologiquement. Ce contrat est donc un peu notre – et son – dernier espoir, une bouée qui pourrait l'empêcher de se noyer.
En vous remerciant de l'attention que vous voudrez bien porter à ce mail,
Cordialement. »

La réponse arrive le soir même.

« Bonjour, Madame,
Tout d'abord je vous prie d'accepter toutes mes excuses pour le retard prit [sic] *dans l'écriture du contrat de T.*
Un certain nombre de soucis hélas un peu plus graves sont à l'origine de ce retard mais je vais essayer d'y palier [sic] *au plus vite.*
J'ai par ailleurs eu T. en pastorale ce matin et il a eu l'air intéressé par le cours, ce dont je me réjouis.
Je règle cela demain sauf... urgence.
Très cordialement. »

Manifestement, l'urgence est chronique. Et tout compte fait, il semble que l'attitude de mon fils en catéchisme prime sur le reste. La cordialité vient de franchir un cap avec ce « très cordialement » qui a l'air d'implorer mon pardon.

Après un hiver sinistre et un début de printemps gris et froid, l'été vient subitement de débouler sur Paris. Aux abords des collèges et lycées du quartier, il règne un air de vacances. Les jambes et les épaules se dénudent, les filles ont sorti les robes d'été et les débardeurs, les garçons leur tournent autour en tee-shirts et shorts larges. Les marronniers ont reverdi, les gens bronzent sur les pelouses, il fait chaud, très chaud. Enfin.

Mon fils rentre de l'école en nage. Il n'avait pas prévu une telle hausse du thermomètre et s'était habillé comme d'habitude. Je lui dis que je vais ressortir ses shorts pour qu'il soit plus à l'aise. Impossible, m'explique-t-il. Ce matin, Mme Salami a rappelé quelques élèves à l'ordre. Quels que soient le temps et le nombre de degrés, il est hors de question que les jeunes filles dévoilent leurs épaules et les garçons leurs mollets. Débardeurs et autres tops à bretelles sont donc prohibés, de même que, pour les garçons comme pour les filles, les shorts et autres « culottes courtes ». La consigne restera en vigueur jusqu'au tout dernier jour de classe, qu'il fasse quinze ou trente-cinq degrés à l'ombre.

On marche sur la tête.

Parfois, je me dis que j'exagère. Que ça ne peut pas être comme ça, que je noircis le tableau. Que le problème vient de moi, de nous. Que nous ne savons pas élever notre fils. Que, de toute façon, il n'est pas capable de suivre une scolarité normale. Que, comme son ami Arthur qui a quitté l'établissement en fin de cinquième et prépare aujourd'hui un CAP, ou comme cet autre parti en filière professionnelle pour faire de la maçonnerie, il va falloir envisager de le « réorienter », comme on dit. J'en suis là de mes réflexions quand je croise du côté de l'Odéon la mère d'Alexandre. Elle a un peu de temps pour discuter, et moi j'en ai besoin. On entre dans un café, et je prends des nouvelles d'Alexandre. Ça va mieux. Petit à petit, encouragé par des professeurs particuliers, il reprend confiance. Ses notes remontent, il ne subit plus aucune pression, a retrouvé le sommeil et le sourire. Il n'est jamais facile de quitter l'école en cours d'année. Pour réconcilier Alexandre avec l'apprentissage, le salut est venu du CNED. Par chance, près de chez lui, des professeurs accompagnent de petits groupes d'élèves inscrits au Centre d'enseignement à distance. La solution ne peut être que provisoire, le temps pour Alexandre de se reconstruire, et d'obtenir le passage officiel en troisième pour réintégrer un établissement l'an prochain.

Alexandre était parti au mois de novembre, après les vacances de la Toussaint. Il n'en pouvait plus, ses parents non plus. Sa mère me raconte les brimades, l'indifférence des professeurs au mal-être de son fils, les notes qui enfoncent, les remarques qui blessent, les annotations qui humilient, le grand découragement organisé. Alexandre allait si mal qu'elle l'avait emmené chez le médecin, qui avait diagnostiqué une dépression. C'est cela qui avait emporté la décision de le retirer du collège. La directrice n'avait pas cherché à le retenir. Elle n'avait même pas cherché à savoir ce qui avait pu se passer, quels étaient les problèmes d'Alexandre, l'origine de sa souffrance. Rien.

L'erreur, c'est de croire que l'école privée va régler tous les problèmes. Il en va de ces établissements comme partout ailleurs. On confie nos enfants à des hommes et des femmes, et ce ne sont que des êtres humains avec leurs failles, leurs faiblesses, leurs impatiences, leurs agacements, et un quotidien pas toujours facile. Il ne faut pas attendre, même si l'on vous promet le contraire, une quelconque charité chrétienne, une attention particulière, une écoute plus attentive.

De plus en plus sollicitées, les écoles catholiques refusent chaque année de nombreux élèves. Les motivations des parents qui postulent sont de toutes sortes. Religieuses, sociales ou scolaires, elles rassemblent pêle-mêle les déçus de l'enseignement public, ceux qui recherchent l'excellence académique, un cadre sécurisant, des fréquentations plus « acceptables ». Depuis plusieurs années, les effectifs des écoles catholiques, plus de deux millions d'élèves aujourd'hui, ne font que progresser (32 000 élèves supplémentaires ces cinq dernières années). N'ayant que l'embarras du choix pour faire le plein – à la dernière rentrée, ils ont dû refuser près de quarante mille élèves –, ces établissements privés, en particulier parisiens, élèvent de plus en plus leur niveau d'exigence, visant l'excellence. Et comme les collèges et lycées publics les plus réputés, ils laissent un nombre croissant d'enfants sur le bord de la route.

Si de plus en plus de parents font le choix du privé, la mixité sociale n'est pas pour autant de mise. La religion, qui n'est plus un motif de choix – seuls 14 % des familles concernées –, a cédé la place à une culture de l'entre-soi. On ne veut pas que nos enfants choyés et bien élevés se mêlent à n'importe qui. Un professeur de mathématiques exerçant dans un collège catholique me le confirmait dernièrement, reprenant une étude sociologique récente montrant que, je le cite, « l'enseignement catholique est raciste et discriminant[2] ». Réagissant à cette étude, Pascal Balmand, secrétaire général de l'Enseignement catholique, explique que « paradoxalement, des chefs d'établissement peuvent sincèrement souhaiter l'ouverture à tous et en même temps être confrontés à une pression de certaines familles, voire d'enseignants, qui restent attachés à une conception de l'enseignement catholique qui n'est pas la nôtre »...

Et de fait, alors qu'une autre étude commentée par lefigaro.fr montre que cet enseignement est perçu par une majorité de Français comme « un enseignement de qualité, ouvert aux autres religions et aux non-croyants, confirmant sa position alternative face au public », regrettant cependant qu'il reste « des efforts à faire sur l'accueil des élèves en difficulté et l'accès des populations défavorisées », un lecteur réagit sans détour : « Si j'ai mis

2. CNRS, 2011.

mes enfants dans une école privée, c'est justement pour éviter les élèves en difficulté et les populations défavorisées ! »

Répondant aux inquiétudes de nombreux parents, un certain nombre de ces établissements accueillent pourtant des élèves en situation d'échec, promettant de les remettre au pas. Sans doute pensent-ils qu'il suffira d'une discipline forte aspergée d'un peu d'eau bénite pour que ces petits crabes se remettent à marcher droit. Hélas, ça ne fonctionne pas comme ça. À trop vouloir les écraser pour les faire avancer, on obtient des petits crabes de plus en plus cabossés qui s'enfoncent dans le sable.

Un camarade de classe est absent depuis deux semaines. Il s'est fait opérer d'une appendicite et se trouve en convalescence. Afin que celle-ci se déroule le mieux possible et que l'élève revienne en pleine forme, Mme Salami a demandé ce matin à toute la classe de prier. Quelques minutes d'un silence religieux où chacun était tenu de se recueillir. « Demandons à Dieu d'aider votre camarade, qu'il se repose et se rétablisse très vite. »

Il est vrai que le bon Dieu, via « notre Seigneur », a des pouvoirs de guérison. Il apaise, soigne, ressuscite même. Il y a quelques semaines, mon fils m'avait raconté qu'une jeune fille, en cours de français, s'était plainte de maux de ventre et avait demandé l'autorisation de se rendre aux toilettes. Refus de Mme Salami : « Priez le Seigneur, ma fille, offrez-Lui votre souffrance et votre douleur s'en ira. »

Ainsi soit-il.

Nous sommes fin avril. Cela fait aujourd'hui cinq semaines que mon fils attend son contrat. À la fin de la semaine prochaine, ce sont les vacances de printemps. À son retour, il n'aura plus que cinq jours de cours avant Roland Garros.

Mon fils s'est à nouveau fait confisquer son téléphone portable. Cette fois, je ne me manifeste pas. Nous allons chez SFR. Le patron sympa (le matin, il m'offre le café et un pain au chocolat) a une solution toute simple : il suffit de désactiver la carte SIM qui se trouve à l'intérieur du portable confisqué et d'en activer une nouvelle que l'on installera dans mon vieux Nokia. Et voilà. Pour cinq euros – que, bien sûr, nous retirons de la tirelire de notre fils –, le tour est joué.

Nous passons la première semaine des vacances de printemps à la montagne. Le temps y est moins maussade que prévu et la neige est abondante. Mon fils retrouve les joies du ski et se fait de nouveaux amis. De retour à Paris pour la seconde semaine, il peine à se mettre à ses devoirs. Il n'est plus motivé. Plus du tout. Il sait qu'il n'y aura jamais de contrat. Il sait aussi qu'il ne rentre que pour une semaine de collège. Dès le lundi de Pentecôte, il sera à Roland Garros. Et même si la date officielle des vacances d'été est fixée au 4 juillet, son établissement étant centre d'examen, l'année scolaire s'achève définitivement le 21 juin. Quant à l'arrêt des notes, il est prévu le 7, et le conseil de classe le 12. Mon fils n'aura donc plus aucune note, plus aucun moyen de se rattraper. C'est fini. Il n'a pas de note en physique-chimie, le professeur ayant été absent les deux tiers du temps ce trimestre. Dommage, il avait commencé à prendre goût à cette matière grâce à un étudiant venu lui donner quelques petits cours.

Cette dernière semaine passe à grande vitesse. Le professeur de physique est à nouveau absent, c'est devenu habituel. Le soir, à la maison, mon fils ne travaille plus, il ne fait même plus semblant. Il est déjà parti. Je ne regarde plus les devoirs sur le portail École directe. À la place, je visite le site de la FFT et la page Facebook des ramasseurs de balles. Dehors, il ne cesse de pleuvoir et il fait froid. À la campagne, chez ma mère, il y a même eu une mini-tempête de grêle et un arbre a été arraché derrière la maison. Ce week-end de Pentecôte, on a fait du feu dans la cheminée. C'est bientôt l'été et ça sent l'automne et la terre mouillée.

À l'heure dite, nous passons tous les trois la porte cochère et pénétrons sous la verrière de ce qui sera l'école de mon fils à la rentrée prochaine. Des casiers aux couleurs vives sont alignés sur notre droite. Les portes sont restées ouvertes sur les salles de classe vidées de leurs occupants en ce samedi matin, petites et accueillantes. Nous avons quelques minutes d'avance et patientons dans la cour silencieuse.

La porte cochère s'ouvre et je reconnais M. Noury, le directeur et fondateur de l'école. En jean et parka de cuir noir, son casque de moto sous le bras, il s'avance vers nous, souriant, et nous serre chaleureusement la main. Nous entrons dans son bureau. Il va chercher un siège supplémentaire pour mon fils qu'il met tout de suite à l'aise en le tutoyant, lui parlant de sport et évoquant un de ses anciens élèves aujourd'hui joueur de rugby professionnel.

Je connais un peu M. Noury. Je le vois régulièrement dans le quartier. Mon fils aîné a pris quelques cours de soutien dans son établissement quand il était au lycée, en maths et en physique. L'école, qui a ouvert il y a seulement cinq ans, jouit déjà d'une excellente réputation. Des élèves en échec dans le système classique s'y redressent et reprennent goût à l'étude. Et ça marche. Les résultats au bac l'attestent. Des collégiens qui avaient été estampillés « cancres » ont aujourd'hui intégré les classes préparatoires de lycées réputés. Le secret : des classes à petits effectifs, quinze élèves maximum, des cours uniquement le matin, un suivi individualisé pour chaque élève, la valorisation de la réussite et la dédramatisation des difficultés. En gros, là où le collège de mon fils fait ressortir en gras sur le bulletin les notes inférieures à la moyenne, l'échec empêchant de se réjouir des succès, cette école souligne en gras les notes supérieures à la moyenne, atténuant la douleur des échecs. C'est un état d'esprit. Il ne faut plus souffrir pour réussir, il faut prendre du plaisir.

Nous adhérons totalement au discours de M. Noury. Il partage notre opposition farouche au redoublement avant le lycée. Inutile et dévalorisant. Il nous cite le cas d'un élève qui était scolarisé dans un collège du quartier où il redoublait sa troisième. À la fin du premier trimestre, les résultats n'étaient guère plus encourageants que ceux de l'année précédente. M. Noury avait alors proposé aux parents de prendre l'élève en seconde dans son école, quitte à lui faire ensuite redoubler cette classe si le niveau n'était pas atteint. L'élève a quitté son collège et s'est retrouvé en seconde à la rentrée de janvier. Il n'a finalement pas eu à redoubler, il est passé en première, puis en terminale et a obtenu son bac S avec mention.

Pour la première fois depuis la rentrée de septembre, nous abordons le week-end avec une certaine sérénité. Même si notre fils termine une quatrième chaotique, même si sa moyenne en histoire-géo est tombée au niveau zéro, même si la prof principale ne peut plus le voir en peinture, même s'il patauge en physique, même si le conseil de classe, dans quelques jours, demande le redoublement, nous savons qu'il fera sa rentrée prochaine en classe de troisième.

En repassant la porte cochère, l'air semble s'être allégé d'un coup. Et si on allait manger une pizza chez Pasta e Fagioli ? Après, si le soleil brille toujours, on pourrait aller au Champs-de-Mars faire courir le chien, ça fait si longtemps...

Après vingt et un jours de rêve à fouler la terre rouge de Roland Garros et à tutoyer ses étoiles, mon fils a fait ce matin son retour au collège. Au terme de ces trois semaines d'absence, il a eu la surprise de découvrir que des notes de « participation orale » lui avaient été attribuées en langues. Au vu des résultats, les professeurs n'avaient pas dû goûter l'échappée sportive : 8 en anglais et 5 en espagnol. Nous ne chercherons pas à comprendre, ne demanderons aucune explication. À quoi bon, désormais ? Le soir, après le dîner, nous cochons ensemble les cases du calendrier : plus que neuf jours à tenir. Mardi, mercredi, jeudi, vendredi, lundi, mardi, mercredi, jeudi, et vendredi.

Le mercredi matin, le bulletin est arrivé par la poste. Pas de surprise. Une majorité de professeurs a noté que « le niveau de quatrième n'est pas atteint ». Le REDOUBLEMENT (en lettres majuscules) est demandé « dans une structure plus adaptée ». Une manière élégante et bien élevée de nous apprendre que notre fils est tout bonnement renvoyé du collège. Quant à ce que sous-tend l'expression « structure plus adaptée »... Elle me renvoie aux mots de M. Perrin. Mon fils serait donc bien un « handicapé », un enfant *inadapté*, « présentant un déficit intellectuel » selon le Robert. Comment peut-on écrire une chose pareille dans un dossier scolaire ?

Le professeur de physique-chimie, absent toutes les semaines depuis la rentrée des vacances de printemps jusqu'au début de Roland Garros, a noté « élève non évalué. Niveau non atteint ». Les deux contrôles qu'il a donnés en catastrophe à son retour de... – de quoi au juste ? de vacances, congé maladie, formation ? nous ne le saurons jamais, les professeurs ne sont pas supposés justifier leurs absences, même répétées, auprès des parents d'élèves – l'ont été pendant les trois semaines d'absence, justifiée et autorisée par la direction, de mon fils.

Sur le bulletin, est déploré, et visiblement sanctionné par certains professeurs apparemment mal informés, « un trop grand nombre d'absences ». À croire que le message n'était pas passé...

Mercredi, jeudi, vendredi... Plus que trois jours à tenir et c'en sera enfin fini de cette dernière année chez les cathos. De toute façon, ils ne font plus rien. Malgré une météo exécrable, ça sent les grandes vacances. La terrible Mme Salami a dû ravaler sa résolution à « travailler jusqu'au tout dernier jour », trouvant sans doute plus reposant de leur passer un film, comme nombre de ses collègues. Même l'austère professeure de mathématiques a fini par renoncer à terminer les exercices du manuel et mon fils, savourant sa revanche, lui fait des tours de cartes auxquels elle ne comprend rien.

Samedi, c'est la kermesse de l'école. Mon fils ira sans moi, je n'ai jamais été très férue de ce genre d'événements. Je ne suis pas une bonne mère ni un bon parent d'élève. Je n'ai pas la fibre animatrice de colonie de vacances. Servir de l'Oasis dans des verres en plastique, tendre des cannes à pêche à des gamins surexcités, reconstruire cent fois une pyramide de boîtes de conserve pour qu'elles soient dégommées dans un vacarme effrayant par des balles en mousse, maquiller des garçons en lions ou Batman et des filles en chats ou en princesses, très peu pour moi. Comme chaque année et sans doute dans toutes les écoles de France, il y a eu les appels aux bonnes volontés. Au programme, « parcours vélos école, pêche à la ligne, riz vitesse (mon Dieu, qu'est-ce que c'est que ça ?), gants de boxe, chamboule-tout, tirs au but, enveloppes surprises, structure gonflable, maquillage ». Les parents des quatrièmes sont invités à apporter des boissons. Ça, je peux le faire. Vendredi, j'irai au Franprix acheter trois bouteilles d'Oasis et deux bouteilles de Coca. Ce sera ma dernière contribution à l'enseignement catholique.

UN AN APRÈS

Juin 2014

Un an a passé depuis que j'ai mis le point final à ce livre. Mon fils va bien. Je dirais même qu'il est transformé. Il a fait une bonne troisième dans son nouveau collège. À chaque trimestre, il a eu les encouragements. Ses professeurs sont satisfaits, l'équipe de direction également. Pas le moindre problème de comportement. On me parle de mon fils comme d'un élève sympathique, attentif, franc, sage, bien élevé. Pas de doute, il n'est plus le même.

Ses camarades de l'année dernière lui donnent régulièrement des nouvelles de son ancien collège. Mme Salami n'a toujours pas l'air pressée de se retirer. M. Perrin est parti, il a concrétisé son ambition et a pris la direction d'un collège dans le nord de Paris. Pour le reste, il semble que les choses se soient encore radicalisées. Christine Angot n'aura pas tenu longtemps. L'OGEC (Organisme de gestion de l'enseignement catholique) n'aurait pas apprécié qu'elle ait refusé de faire circuler un courrier très critique envers le mariage pour tous. Elle se serait également opposée avec force – et courage – à un fichage informatique des élèves, fichage plus respectueux des méthodes de certains régimes totalitaires que du secret de la confession. Avec la bénédiction du diocèse, elle a donc été remerciée et une autre, plus « conforme » aux nouvelles attentes de ce dernier, a été nommée. Celle-ci est parée de tous les attributs de la Manif pour tous : parapluie rose vif à l'effigie de la petite famille idéale – petite fille, maman, papa et petit garçon se donnant la main –, portefeuille bleu portant le même logo et jusqu'à une paire de boucles d'oreilles qu'elle arbore fièrement, la rose à l'oreille gauche, la bleue à l'oreille droite, elles aussi estampillées Manif pour tous. Le tout est en vente sur le site de la boutique éponyme, laquelle engage le visiteur à acheter ses gadgets afin d'assurer « du bonheur pour tous », « des souvenirs pour grands et petits » et, tout de même, parce qu'on ne peut pas vivre que d'amour hétéro et d'eau fraîche, « le financement de toutes vos actions "pour tous" ! ».

Avec l'arrivée de la nouvelle, il n'y a pas que l'esprit qui semble se refermer doucement mais sûrement. Si Christine Angot tenait sa porte close, Madame Manif pour tous a carrément déménagé son bureau pour s'installer au deuxième étage, tout au bout d'un couloir sombre et glacé, là où personne ne s'aventure sauf, peut-être, quelque ecclésiastique en soutane au pas feutré.

Mais il y a plus inquiétant encore.

Dans les derniers jours de mai, le conseiller principal d'éducation a été mis à pied pour « faute grave » et « incitation à la débauche ». Ce qu'on lui reproche ? Avoir recueilli les confidences d'un élève qui s'est ouvert de sa préférence pour les garçons et n'en avoir pas averti aussitôt la direction du collège. Ainsi, le CPE aurait dû trahir la confiance de l'adolescent.

C'est un fait, en 2014, dans l'enseignement catholique, l'homosexualité ne passe pas. Un ancien éducateur de l'école, parti dans un autre établissement privé, connaît lui aussi des problèmes. Ces derniers mois, il a subi interrogatoire sur interrogatoire. Motif : des photos « suggestives » sur son profil Facebook et une homosexualité, connue et assumée depuis longtemps, requalifiées par ses juges en « vie débridée ».

À l'heure où j'écris ces lignes, il semble bien qu'une radicalisation de l'enseignement catholique soit en marche. Cela commence par les écoles des beaux quartiers où sont scolarisés de nombreux enfants dont les familles sont réceptives à ces discours intégristes, celles-là même qui sont allées manifester en brandissant les pancartes aux quatre silhouettes, rose bonbon ou bleu layette. Un groupuscule se serait même constitué, rassemblant de « jeunes » (comprendre fraîchement formés et nommés) chefs d'établissement qui revendiquent ce qu'ils appellent leur mission d'Église : la surévangélisation des enfants, qui passerait désormais avant la pédagogie. Il semble que cette nouvelle « élite » de l'enseignement catholique parisien se serve des établissements qu'elle dirige comme de tribunes pour convertir à ses idées ceux dont elle a la charge, vilipendant d'une même voix le mariage gay, la contraception et l'avortement, puisqu'ils mélangent tout.

Petit à petit, l'araignée tisse sa toile depuis les beaux quartiers. Avant de l'étendre sur tout Paris, puis sur la province ? La question est posée.

Éditions Belfond,
12, avenue d'Italie,
75013 Paris.

Canada :
Interforum Canada, Inc.,
1055, bd René-Lévesque-Est,
Bureau 1100,
Montréal, Québec, H2L 4S5.
ISBN : 978-2-7144-5903-9

Cet ouvrage a été imprimé en France par

BUSSIÈRE

à Saint-Amand-Montrond (Cher)
en août 2014

MIXTE
Issu de sources responsables
FSC® C003309

N° d'impression : 2011339
Dépôt légal : septembre 2014